SV

BARBARA CASSIN

NOSTALGIE

WANN SIND WIR WIRKLICH ZUHAUSE?

Aus dem Französischen
von Christine Pries

Suhrkamp

Titel der Originalausgabe: *La nostalgie. Quand donc est-on chez soi?* © Autrement, Paris, 2013.

Bibliografische Information der Deutschen Nationalbibliothek
Die Deutsche Nationalbibliothek verzeichnet diese Publikation in der Deutschen Nationalbibliografie; detaillierte bibliografische Daten sind im Internet über http://dnb.d-nb.de abrufbar.

Erste Auflage 2021

Satz: Satz-Offizin Hümmer GmbH, Waldbüttelbrunn
Druck: Pustet, Regensburg
Printed in Germany
ISBN 978-3-518-58770-6

INHALT

»Mit einem Fuß in einem und mit dem anderen in einem anderen Land zu stehen, ist ein großer Glücksfall für mich, denn so bin ich frei.«

René Descartes, *Brief an Christina von Schweden*, Juli 1648

ÜBER KORSISCHE GASTFREUNDSCHAFT

»Sie ist wiedergefunden.
Was? Die Ewigkeit.
Es ist das Meer, verbunden
Mit der Sonne in eins.«
Arthur Rimbaud

Eine Insel, nicht zuhause zuhause

Man könnte meinen, ich käme nach Hause zurück, aber es ist nicht mein Zuhause. Vielleicht weil ich kein Zuhause habe bzw., genauer gesagt, weil ich dort, wo ich nicht zuhause bin, am stärksten das Gefühl habe, zuhause, so etwas wie zuhause zu sein. Wann sind wir wirklich zuhause?

Ich verlasse das Flugzeug, hole das Auto aus der Garage am Flughafen, man sagt mir, wo der altertümliche weiße Peugeot steht, der immer noch eine Pariser Nummer hat und sich fährt wie ein Lastwagen. Im Sommer nehme ich gerne die Straße an der Lagune, vorbei an Früchten und Gemüsen, dicken Zitronen, Cantaloupe- und Wassermelonen, Aprikosen, es gibt schon Feigen, Ochsenherztomaten, blasslila marmorierte Auberginen, kleine, gedrungene Zucchini. Die Tunnel, Kreisverkehre und Bremsschwellen, dann die Kurven, eine nach der anderen. Sie fahren sich wie von selbst, meine Hände und vielleicht auch das Lenkrad haben sie verinnerlicht, ohne dass ich besonders darauf achten müsste. Neben den Abgasen wehen die Jahreszeiten den Duft der Macchia-Büsche herüber (»dieser Hauch von Kiefer, diese leichte Andeutung von Beifuß…«, sagt der entflohene Gefangene in *Asterix auf Korsika* und springt ins Wasser[1]), den Geruch von Mimosen, Oleander, Feuer, Meer. Ich sehe das Gewerbegebiet wachsen, neue oder restaurierte Häuser, kaum Veränderungen, sobald man die Straße zum Cap erreicht hat. Ich komme nach Hause zurück wie ein Pferd in seinen Stall.

Eine solche Erfahrung möchte ich zum Ausgangspunkt nehmen: das Gefühl einer ununterdrückbaren Nostalgie in meinem Inneren, das ich jedes Mal empfinde, wenn ich nach Korsika »heimkehre«. Es ist ein starkes Gefühl und insofern merkwürdig, als meine Vorfahren nicht von dieser Insel kommen, ich nicht dort geboren bin und weder als Kind noch als Jugendliche dort gelebt habe. Ich bin keine Korsin, ich wurde in Paris geboren, wo ich wohne und arbeite, ich habe in einem bezaubernden, etwas dunklen Haus mitten in Paris meine Kinder bekommen und aufgezogen, ich spreche das gestochene Französisch einer »pinsoute«, wie die Korsen Frauen vom Festland nennen: Wie kann es sein, dass ich mich dort so zuhause fühle? Wie kommt es, dass Korsika mir so fehlt, wenn ich lange, immer allzu lang, nicht dort bin? »Du kommst, um neue Energie zu tanken«, höre ich häufig, wenn ich im Dorf bin, was für eine merkwürdige Ausdrucksweise: um welche Energieressource handelt es sich, was ist ihre Quelle? Ich bin dort nicht zuhause und trotzdem bin ich zuhause. So wie im Evangelium die Rede von jemandem ist, der »sich die Welt zunutze macht, als nutze er sie nicht« (1. Korinther 7,31), empfinde ich Korsika »als« mein Zuhause, auch wenn ich dort nicht zuhause bin. Weil ich dort keine Wurzeln habe, fasst die Entwurzelte, die ich bin, die ich gerne bin und die ich zu bleiben hoffe (meine jüdische Mutter stammte über Triest und unter Fremdherrschaft stehende Gebiete aus Ungarn, und die Familie meines Vaters, die ehedem Barbaresken-Korsaren gewesen waren, gehörten zu den Bankiers des Papstes in der südfranzösischen Grafschaft Venaissin), es tatsächlich »als« ihr Zuhause auf.

Über Nostalgie wollte ich offenkundig nachdenken bzw. nachsinnen, weil ich Homer liebe, Odysseus, die griechische Sprache, das Mittelmeer. Aber auch, und das ist merkwürdiger, weil ich an Korsika hänge, am Horizont eines Hauses, eines Dorfes und eines Caps auf einer anderen Insel, auf die ich zumindest insofern nicht gehöre, als ich dort nicht geboren wurde. Trotzdem ist »Nostalgie« das Wort, das mir wie selbstverständlich in den Sinn kommt, wenn ich an Korsika denke. Aber genauso wie »Homer« ist »Nostalgie« nicht unbedingt das, wofür man sie hält. Ebenso wenig wie Homer der Dichter ist, der ursprünglich und ganz allein die *Ilias* und die *Odyssee* verfasst hat, wie wir sie kennen,[2] ist Nostalgie nicht bloß Heimweh und die Sehnsucht, nach Hause zurückzukehren. Wie die Herkunft selbst ist dieses überwältigende und zugleich süße Gefühl eine bewusste Fiktion, die immer wieder Hinweise darauf gibt, sie als die wunderbare, menschliche und kulturbedingte Fiktion zu verstehen, die sie ist. Also als beste Weise, in Gestalt einer durch die Erfahrung der Neuzeit verwandelten *Odyssee* in die Heimat zurückzukehren, und sei es gar nicht die eigene?

Wie Sprache ist Heimat »nichts, was einem gehört«.[3]

Ich möchte eine sehr, ja viel zu persönliche Erfahrung zum Ausgangspunkt nehmen.

Mein Mann ist an den Folgen einer langen und zugleich kurzen Krankheit gestorben, die in unserem dörflichen Zufluchtsort und in den Räumen des von uns für uns hergerichteten Hauses gleichmütig hingenommen wurde. Abgesehen vom Erbrecht und vom Preis für Zigaretten gehört das Privileg, zuhause begraben zu werden, wenn die Département-Verwaltung es gestattet, zu den Sonderrechten des seltsamen, immer noch napoleonischen Gebiets namens Korsika. Mein Mann ist in diesem Dorf und in diesem Haus auf einer das Dach, den Jachthafen und das Meer überragenden Terrasse beerdigt worden. Wir haben eine Steintafel aufgestellt, die Freunde mit ihrem Boot aus einer kleinen Bucht geholt und in die sie seinen Namen, sein Geburts- und sein Sterbedatum eingraviert haben; man kann sich auf eine Bank aus Treibholz setzen, die wir alle gemeinsam gebaut haben. An seiner Seite liegt dort in dem Flecken Erde, der einem – uns – gehört und doch auch nicht gehört, auch mein eigenes Grab, das noch hohl klingt.

An dem Tag, als er starb, der absehbar war, dessen Datum wir aber nicht kannten (»Er ist so müde, hören Sie auf, ihn zu beobachten, lassen Sie ihn gehen«, hatte die Ärztin an jenem Morgen zu mir gesagt), war sein Grab nicht fertig. Es haben mich aber an jenem Tag zwei Personen angerufen, um mir zu sagen, dass er in ihrem Familiengrab willkommen sei: »Auch dies ist korsische Gastfreundschaft.«

Wir sind *hospites*, Gäste. Immerhin bin ich Französin, wie mein Personalausweis bestätigt, und Korsika liegt in Frankreich, ich bin also schlicht und einfach in meinem Heimatland zuhause. Trotzdem fühle ich mich dort nur zuhause, weil ich zu Gast bin. Andere haben dort Wurzeln, tiefere Wurzeln, und sie heißen mich willkommen. Da meine Eltern mir dankenswerterweise keinen Grundbesitz hinterlassen haben, bin ich im Besitz eines Fleckens Erde, der mir ursprünglich nicht gehört hat, mir in keiner Weise gehört, auch wenn ich seine rechtmäßige Eigentümerin bin. Denn hier deutet sich so etwas wie Wechselseitigkeit an. Im Französischen wird der Wirt oder Gastgeber, der jemanden willkommen heißt, und der Gast, der willkommen geheißen wird, mit demselben Wort, *hôte*, bezeichnet, und diese Eingebung aus unvordenklichen Zeiten macht Zivilisation als solche aus. Natürlich darf man nicht vergessen, dass mit dem griechischen Wort für *hôte* in seinen beiden Bedeutungen, *xenos*, auch der »Fremde« gemeint ist, dem man vor allem Gastfreundschaft gewähren muss, während das lateinische *hostis* auch den »Feind« bezeichnet, Vertrauen, Misstrauen. Vom Meer aus sieht man oberhalb des Hauses den Turm, in dem Seneca *De Consolatione* geschrieben haben soll. Ob tot oder lebendig genießen wir hier die Gastfreundschaft des Dorfes. Aber gleichzeitig genießen wir hier die Gastfreundschaft der Welt, in einem wahrhaft griechischen Kosmos, der sich entlang jenes für Inseln so typischen Horizonts erstreckt: »Sie ist wiedergefunden. Was? Die Ewigkeit. Es ist das Meer, verbunden mit der Sonne in eins«, schrieb ein hellsichtiger Rimbaud (diese Worte kamen mir als Danksagung für die Beileidsbekundungen all jener Bekannten und in manchen Fällen Unbekannten in den Sinn, die gekommen waren, um an einem heißen Mittag im Juni den über die Straße holpernden Leichenwagen in Empfang zu nehmen). Die Realität einer Insel. Eine Insel ist auf spezifische Weise real. Vom Boot oder Flugzeug aus sieht man ihre Ufer. Und von einer Insel aus sieht man die Krümmung des Horizonts über dem Meer; wenn abends die Sonne untergeht, ist die Erde rund. Man weiß, dass mitten im Wasser ein Küstenstrich liegt, der ein Innen von der großen Weite des Außen abgrenzt, und dass die Insel endlich ist. Eine Insel ist par excellence eine Entität, eine Identität, ein Etwas, das einen Umriss hat, *eidos*, sie tritt in Erscheinung wie eine Idee. In ihrer Begrenztheit und Endlichkeit ist die Insel eine Sichtweise der Welt. Eine Insel ist in den Kosmos eingebettet, kosmisch und kosmologisch, mit dem Sternenhimmel über unseren Köpfen und der unermesslichen Weite vor uns, empfänglich für unsere Blicke. In Griechenland, auf Korsika, erlebe ich ohne Unterbrechung den *kosmos* – die »Welt« der Griechen –, »Ordnung und Schönheit«, heißt es bei Baudelaire. An jeder Wegbiegung, in jeder Kurve, bei jedem Schritt fügt die Welt sich neu zusammen und organisiert sich neu. Was das Auge sieht, wird unmittelbar Struktur, Harmonie breitet sich aus, man ist jedes Mal von neuem erstaunt. Zwischen Kosmologie und Kosmetik ordnet der unermessliche und begrenzte Horizont sich neu. Eine Insel ist ein Ort par excellence.

Nostalgie im Hinblick auf eine Insel. Als Ort ist eine Insel zugleich ein ganz besonderer Ort, ein Ort, der zur Abreise einlädt: Auf einer Insel kann man nichts anderes als aufbrechen, »O Tod, alter Kapitän«, so ebenfalls Baudelaire. Und man möchte, muss, auf sie zurückkehren. Sie bestimmt und zieht einen an. Es ist so, als krümme die Zeit sich wie der Horizont und als komme man von einer langen Reise, einer Rundfahrt, einer Odyssee zurück.

Aber kehrt man wirklich dorthin zurück? Und bleibt man überhaupt jemals da?

Nostalgie, ein Schweizer Wort

Das Wort »Nostalgie« klingt durch und durch griechisch, von *nostos*, »Heimkehr«, und *algos*, »Schmerz« oder »Leid«. Nostalgie ist der »Heimkehr-Schmerz« – sowohl das Leid, das einen befällt, wenn man fern von der Heimat ist, als auch die Mühen, die man auf sich nimmt, um nach Hause zurückzukehren. Die *Odyssee*, die gemeinsam mit der *Ilias* die griechische Sprache und Kultur begründet hat, ist das Epos, das ein blinder Dichter, der wahrscheinlich nie existiert hat, »Homer«, verfasste, um die Peripetien der Heimkehr von Odysseus, dem listenreichen Helden auf seinen zahllosen Umwegen, zu besingen. Es handelt sich um nostalgische Dichtung par excellence.

Trotzdem ist »Nostalgie« kein griechisches Wort, es kommt in der *Odyssee* nicht vor. Es ist kein griechisches, sondern ein Schweizer, ein Deutschschweizer Wort. Genau genommen bezeichnet es eine Krankheit, die unter diesem Namen erst im 17. Jahrhundert aktenkundig wurde. Wenn man dem *Dictionnaire historique de la langue française* Glauben schenkt, wurde es genau im Jahr 1678 von dem Arzt Jean-Jacques Harder zur Bezeichnung des Heimwehs* erfunden, an dem die treuen – und teuren (»Kein Geld, keine Schweizer«) – Schweizer Söldner von Ludwig XIV. litten. Spätestens geprägt wurde es im Jahr 1688 vom Sohn eines elsässischen Pas-

* Im Original Deutsch.

tors aus Mühlhausen, Johannes bzw. Jean Hofer, der ihm im Alter von 19 Jahren an der Universität Basel seine kurze medizinische Doktorarbeit widmete, um »Geschichten von jungen Menschen« zu schildern: den Fall eines Baseler Studenten aus Bern, der dahinsiechte, aber schon vor der Ankunft in Bern auf dem Heimweg wieder gesund wurde, und den Fall einer ins Krankenhaus eingelieferten Bauersfrau (»ich will heim, ich will heim«*, jammerte sie, während sie Arzneien und Nahrung verweigerte), die genas, als sie nach Hause zurückkehrte – an ihren Symptomen war deutlich erkennbar, woher ihre Beschwerden rührten.[4]

Daraus wurde schnell ein militärisches Problem: Die Schweizer desertierten, wenn sie den »Kuhreigen« auf den Almwiesen hörten – jenes »Lied«, wie Rousseau in seinem *Wörterbuch der Musik* schreibt, »das sie so sehr liebten, daß man bey Lebensstrafe verbieten mußte, es bey ihren Regimentern zu spielen, weil die, die es hörten, entweder herzlich zu weinen anfiengen, oder davon liefen, oder gar starben; so sehr erregte dieses Lied in ihnen das Verlangen ihr Vaterland wiederzusehen.«[5]

Die Ärzteschaft hat sich das Wort »Nostalgie« also zur Bezeichnung einer Krankheit unter Deutschschweizern ausgedacht, so wie man bei einem Hexenschuss von »Lumbalgie« oder etwa von »Neuralgie« spricht. Ich lege darauf so viel Nachdruck, weil der Ursprung des Wortes mir sehr repräsentativ dafür zu sein scheint, was ein Ursprung im Sinne von Herkunft ist: Das Wort »Nostalgie«, das in der gesamten *Odyssee* mitschwingt, hat nichts Ursprüngliches, Originäres, mit einem Wort:

»Griechisches«. Man hat es sich ausgedacht, es ist ein historisches Gemisch (und da sein Ursprung eben gerade keine historische Tatsache ist, müsste man eigentlich »seinsgeschichtliches« Gemisch sagen, um einen Ausdruck wiederaufzugreifen, den Heidegger geprägt hat). Wie alle Ursprünge wird es rückwirkend einer Zweck- oder Zielbestimmung unterworfen. Das belegt die Typografie der *Dissertatio de nostalgia* mit ihren lateinischen Großbuchstaben für DISSERTATIO MEDICA, ihren griechischen Großbuchstaben für das neu geschaffene Wort ΝΟΣΤΑΛΓΙΑ und dem kleingeschriebenen Zusatz in Frakturschrift: oder Heimweh*. Das Wort wäre beinahe zugunsten der *philopatridomania* (der »wahnsinnigen Liebe zur Heimat«), die ebenfalls auf Harder zurückgeht, der *pothopatridalgia* (des »Schmerzes, die Heimat leidenschaftlich zu begehren«), die Zwinger geprägt hat, und des Untertitels Heimsehnsucht*, der von Haller hinzugefügt wurde, in den Hintergrund gedrängt worden… Aber *nostos,* »die Heimkehr«, hat sich durchgesetzt. Wenn man den Chantraine[6] konsultiert, erfährt man ausnahmsweise recht wenig: *nostos* leitet sich von *neomai* her, das »zurückkommen, umkehren« bedeutet, und beruht auf einer Wurzel, deren aktive Bedeutung »davonkommen« lautet; *anostos* heißt, »dass nichts zurückkommt, kein Ertrag abgeworfen wird«, und *Nestor* ist der Name von »jemandem, der glücklich heimkehrt und sein Heer glücklich mit sich zurückbringt«; auf Neugriechisch bedeutet *nostimos* so viel wie »köstlich, lieblich«. Die wahrscheinliche Bedeutung der Wurzel ist »glückliche Heimkehr, Heil«, sie kommt im Altdeutschen und Angelsächsischen vor (»geheilt, davongekommen sein, überleben« und »davonkommen, heilen, verpflegen«), das Sanskrit hat Wörter, die *neomai* entsprechen: so wie *nasate*, »sich annähern, vereinigen«, der leichte Bedeutungsunterschied stellt kein entscheidendes Hindernis dar, es lässt sich möglicherweise mit *nimsate* vergleichen, »sich küssen, mit dem Mund berühren« – zwischen Heimkehr und Liebe besteht durchaus ein Zusammenhang.

Unter dem Stichwort »Nostalgie« untersucht dieses Buch das Verhältnis von Heimat, Exil und Muttersprache. Die *Odyssee*, die von Odysseus' Bewährungsproben und seiner sich immer wieder verzögernden Heimkehr erzählt, ist nostalgische Dichtung schlechthin. Das ach so symbolische Zeichen, dass Odysseus endlich »zuhause« ist, in der Heimat, ist sein Bett, das in einem Olivenbaum wurzelt, den er mit eigenen Händen ausgehöhlt und um den er sein Haus herumgebaut hat. Dieses Geheimnis teilt er nur mit seiner Frau. Verwurzelung und Entwurzelung: Das ist Nostalgie.

Als er aus dem brennenden Troja flieht, nimmt Aeneas die Heimat auf seinem Rücken mit, seinen Vater Anchises und die Larengötter auf den Schultern. Er irrt von Ort zu Ort, bis die ihn mit ihrem Hass verfolgende Juno einwilligt, ihn das gründen zu lassen, was später Rom werden wird, allerdings unter einer Bedingung: dass er das Griechische aufgibt und, wie es bei Vergil heißt, »*una ora*«, in »einer Sprache« mit den Lateinern und wie sie spricht. Das Gründungsepos begründet in diesem Fall auch die Sprache.

Dass die eigene Sprache zur Heimat wird, ja sogar zur einzigen Heimat – so hat die in ihrem amerikanischen Exil »naturalisierte« Hannah Arendt sich in dunklen Zeiten gerne selbst definiert: nicht in Bezug auf ein Land oder ein Volk, sondern nur in Bezug auf eine Sprache, die deutsche Sprache. Diese ist es, die ihr fehlt und die sie hören möchte.

Was ist das Eigene und was das Fremde? »Wohl dem, der wie Odysseus…« – nichts ist falscher als das Sonett von Du Bellay, denn Odysseus bleibt nach seiner Heimkehr nur eine einzige Nacht »zuhause«, so lang sie sich auch hingezogen haben mag. Er muss nämlich erneut aufbrechen und, ganz weit von seiner Heimat und vom Meer entfernt, ins Landesinnere ziehen, in seinen Armen ein Schiffsruder, bis er schließlich einem Mann begegnet, der ihn fragt: »Fremder, was hast du für eine Worfschaufel auf deiner glänzenden Schulter?« Erst dann konnte Odysseus, indem er das Ruder in die Erde rammte, dem Meeresgott Poseidon ein letztes Opfer darbringen und heimkehren, um »An seiner Väter Herd bis an sein End zu wohnen«, so Du Bellay. Doch darüber schweigt die *Odyssee* sich aus. Denn Nostalgie ist viel eher durch das »noch nicht« und vielleicht auch durch das Missverständnis gekennzeichnet, das dem Verhältnis von Eigenem und Fremden zugrunde liegt – durch jenes Ruder, das zwangsläufig für eine Worfschaufel gehalten wird.

In diesem Essay werde ich das Verhältnis des Menschen zur Zeit, zum Tod und zur Ewigkeit und sein Verhältnis zur Heimat im Guten wie im Schlechten analysieren. Dabei werde ich mich auf eine Reihe von Urszenen stützen, die Homer schildert und die in meinen Augen Nostalgie definieren. Aber ich werde genauso über die modernen Verwendungsweisen dieses Begriffs nachdenken, der eine Verbindung aufweist zum Zuhause und zum Patriotismus in ihrer ganzen, in manchen Fällen schauerlichen Zweideutigkeit: vom *home* über die Heimat* bis zum Blut-und-Boden-Kult, den Faschismus und Nazismus betreiben konnten. Denn jede Sprache hat ihre eigene Weise, Nostalgie zum Ausdruck zu bringen, Unbehagen an einem Ort im Körper zu lokalisieren (Melancholie, die schwarze Galle, *spleen* für die Milz, Angst, die einem die Kehle zuschnürt), sie als Losungswort in ein bestimmtes kulturelles Register einzuschreiben, selbst wenn es importiert ist wie der *spleen* von Shakespeare bis Baudelaire, sie in der Vergangenheit oder in der Zukunft mit einem Ereignis oder mit einer Erwartung zu verbinden, aus ihr ein individuelles, historisches, ontologisches, religiöses, gesellschaftliches oder patriotisches Übel zu machen – *acedia, dor, saudade*, Sehnsucht*, *desengaño* usw.[7] Ich werde mir die Frage stellen, ob und wie es möglich ist, diese Art von Zusammenhang zwischen Nostalgie und Heimaterde oder Patriotismus zu bearbeiten, um aus der Nostalgie ein ganz anderes Abenteuer zu machen, das uns an die Schwelle eines großzügigeren, offeneren Denkens und einer Weltsicht führt, die frei von allen Zugehörigkeiten ist. Oder auch: In welchem Sinne, in welchen Hinsichten kann man sagen, dass Nostalgie im Sinne von Heimweh ein Gefühl ist, durch das Europa sich definiert? – »Ein

Europäer: wer Heimweh nach Europa hat«, schreibt Kundera in der *Kunst des Romans*.[8]

ODYSSEUS UND DER TAG DER HEIMKEHR

»O Frau! […] Wer hat mir das Bett woanders hingestellt?«
Homer, *Odyssee*

Sterblichkeit

Odysseus' Heimkehr ist genauso paradox wie die Art von Nostalgie, die für ein paar Schweizer erfunden wurde. Denn als Odysseus endlich Ithakas Boden betritt, erkennt er die Insel nicht wieder und wird dort selbst zunächst nur von seinem Hund erkannt. Und als er sich seine Identität zurückerobert, nachdem er Freier und treulose Dienerinnen niedergemetzelt hat, als er seine Frau wiedersieht und sie endlich einwilligt, ihn anzuerkennen, bleibt der Held nur eine einzige Nacht und bricht danach wieder auf.

Wenn meine Rechnung stimmt, hat Odysseus seine Insel 17 Jahre zuvor verlassen. Insgesamt haben die griechischen Krieger zehn Jahre gebraucht, um die von Paris entführte Helena zurückzuholen und Troja zu bezwingen. Nach weiteren zehn Jahren sind alle, die noch am Leben waren, nach Hause zurückgekehrt – in einigen Fällen, um wie Agamemnon Verrat und ihrem Schicksal zu begegnen. Doch Odysseus kommt und kommt nicht zurück. Die *Odyssee* wirft die Frage auf, ob es für Odysseus, als dem einzigen Überlebenden, der nicht nach Hause zurückgekehrt ist, »eine Heimkehr gibt«, *nostimos*[1] auf Griechisch, ob er jemals »den Tag der Heimkehr«, *nostimon emar*, erleben oder ob dieser ihm »genommen« werde (I, 9), ob er ihn »verloren« habe (I, 168, 354).

> Da waren zwar die andern alle, so viele dem jähen Verderben entgangen waren, daheim, dem Krieg entronnen und dem Meere. Diesen allein, den nach der Heimkehr und nach seinem Weib verlangte (*nostou kechrememon ede gynaikos*), hielt die Herrin, die Nymphe zurück, Kalypso, die hehre unter den Göttinnen, in den gewölbten Höhen, begehrend, daß er ihr Gatte wäre. (I, 11-15)[2]

Die Versdichtung beginnt mitten im Geschehen mit einer Versammlung der Götter, die das enge Verhältnis zwischen Menschen und Göttern in Szene setzt: die Immanenz von Menschen und Göttern auf Seiten der Götter, die in meinen Augen so wunderbar am Heidentum ist. Für die Entsprechung auf Seiten der Menschen hat René Char folgende Worte gefunden: »Wir sind nicht eifersüchtig auf die Götter, dienen ihnen nicht, fürchten sie nicht, unter Lebensgefahr bezeugen wir jedoch ihre vielfältigen Erscheinungsformen und es rührt uns, zu ihrer abenteuerlichen Brut zu gehören, während die Erinnerung an sie verblasst.«[3]

Einige kurze Anmerkungen, um ein Gespür für die heidnische Welt zu vermitteln, zu der Homer uns Zutritt verschafft. Es ist, schreibt Nietzsche, »ein Unterschied, ob Homer oder die Bibel oder die Wissenschaft die Menschen tyrannisiren«.[4] Zur Definition der heidnischen Welt würde ich folgendes Kriterium vorschlagen: Es handelt sich um eine Welt, in der jeder, der vor einem steht, ein Gott sein kann; denn wenn er einem Menschen begegnet, ist ein Heide stets darauf gefasst, dass dieser göttlich sein könnte. Selbst wenn der Messias schon da ist, würde so etwas in einer monotheistischen Welt mit Sicherheit nicht geschehen. In der Welt von Homer ist dagegen alles durchlässig: Menschen, Götter, Tiere, Dinge. Odysseus ist auf genauso »natürliche« Weise der »göttliche Odysseus« wie *polytropos*, auf zahllosen Umwegen »listenreich« (es heißt ganz richtig, Homers Epitheta seien »natürliche Epitheta«, sie bringen die »Natur«, das eigentliche Wesen desjenigen zum Ausdruck, dem sie gelten). Und vor Nausikaa tritt er »wie ein auf Bergen ernährter Löwe«; was Nausikaa anbelangt, so spricht Odysseus sie als »ein[en] Gott oder eine Sterbliche« an, und als er ihrer beispiellosen Schönheit ansichtig wird, vergleicht er sie mit »de[m] jungen Stamm [ein]er Palme«.[5] Deshalb ist *Kosmo*s, »Ordnung und Schönheit«, das Wort, das jene traumhafte Harmonie der Welt zum Ausdruck bringt, die in der nach wie vor griechischen Realität einer Insel spürbar ist. Von daher lautet die Frage nicht, ob es einen transzendenten Gott, Schöpfer oder Mathematiker, gibt oder nicht; die Götter gleichen eher einer immanenten, traumähnlichen Unterfütterung der Welt; jene »glänzende Traumgeburt der Olympischen« ist für die Griechen »die Sphäre der Schönheit, in der sie ihre Spiegelbilder [...] sahen« – noch einmal Nietzsche, der vorschlägt, »die träumenden Griechen als Homere und Homer als einen träumenden Griechen zu bezeichnen«.[6] So sieht die Welt aus, die uns die *Odyssee* eröffnet. Wie wir sehen werden, ist sie ganz anders als Vergils Welt: Der »göttliche Odysseus« und der »fromme Aeneas« sind nicht auf dieselbe – im einen Fall auf »natürliche«, im anderen auf »politische« – Weise heidnisch.

Vor den versammelten Göttern beklagt Athene sich darüber, dass ihr Schützling Odysseus als Einziger nicht nach Hause zurückgekehrt sei. Dieser fern von den Seinen Leidende sehne sich danach, den Rauch von seinem Land aufsteigen zu sehen, er vergieße Tränen und wünsche sich zu sterben.

Sieben Jahre hat Kalypso, die »Versteckerin«, die »Dinge umhüllt«, ihn schon von seiner Insel ferngehalten und ihm zärtliche Worte ins Ohr geflüstert, damit er Ithaka vergisst. Die Nymphe ist eine Tochter des Meeresgottes Poseidon, den Odysseus' Tötung des Kyklopen erzürnt hat und der darauf besteht, ihm den Tag der Heimkehr zu verwehren. Doch da Poseidon gerade in die Ferne zu den Äthiopiern aufgebrochen ist, schlägt Athene vor, das auszunutzen. Zeus spricht: »beschließen wir alle hier die Heimkehr: daß er nach Hause komme«, und schickt Hermes zu Kalypso. Die flechtenschöne Nymphe entgegnet, sie werde diesem Befehl ohne Widerrede nachkommen, aber sie beklagt sich, dass die eifersüchtigen Götter »den Göttinnen neidet[en], daß sie bei Männern ruhen offenkundig, wenn eine sich einen zum lieben Lagergenossen gemacht hat« (V, 119f.). In Liebe und Konkurrenz, im Verhältnis von Neuem und Altem, in der Art und Weise, wie Neues alt wird und Zuneigung zu Gewohnheit – mit einem Wort in der Zeit als gerader Linie und als Kreislauf – liegt einer der Schlüssel zur Nostalgie.

Hier die Szene im Wortlaut, die das Heimweh beschreibt. Die gehorsame Kalypso geht zu Odysseus:

> Den fand sie am Gestade sitzend, und niemals wurden ihm die beiden Augen von Tränen trocken, und es verrann sein süßes Leben (*kateibeto glykus aion*), während er um die Heimkehr jammerte. Denn ihm gefiel die Nymphe nicht mehr, sondern wahrhaftig, er ruhte die Nächte nur gezwungen in den gewölbten Höhlen [...] und blickte auf das unfruchtbare Meer, Tränen vergießend. (V, 151-158)

Ein Sinnbild für Nostalgie wie bei Caspar David Friedrich: Odysseus von hinten auf seinem Felsen, wie er auf das Meer blickt und »sein süßes *aion* verrinnt«, weil er mit dem »Strom« seiner »Tränen« den »Saft« und die »Zeit« seines »Lebens« vergeudet (denn *aion* bedeutet all dies gleichzeitig[7]).

Kalypso, die ihn liebt und ihm helfen wird, warnt ihn ein letztes Mal:

> [S]o lebe du denn wohl, trotz allem! – Doch wenn du wüßtest in deinem Sinne, wie viele Kümmernisse dir bestimmt sind zu erfüllen, bevor du in dein väterliches Land gelangst, du würdest hier am Orte bleiben und mit mir dieses Haus bewahren und unsterblich sein. (V, 205-210)

Nostalgie ist der Grund, warum man der Rückkehr nach Hause sogar auf die Gefahr hin den Vorzug gibt, dass einen dort Vergänglichkeit, Tod und, schlimmer noch, das Alter eher ereilen als Unsterblichkeit. Der Wunsch heimzukehren, wiegt so schwer, dass Odysseus ihr entgegnet:

> Herrin, Göttin! zürne mir darum nicht! Weiß ich doch auch selber recht wohl alles: daß die umsichtige Penelopeia geringer ist als du an Aussehen und Größe anzusehen von Angesicht. Denn sie ist sterblich, du aber unsterblich und

> ohne Alter. Doch auch so will ich und begehre ich alle Tage, nach Hause zu kommen und den Heimkehrtag zu sehen. (V, 215-220)

Kant hat behauptet, der Sehnsüchtige, und das gilt auch für das Heimweh der Schweizer, werde immer enttäuscht, weil er nicht die Orte der Jugend herbeisehne, sondern die Jugend selbst – »getäuscht« und deshalb, fügt er hinzu, auch »geheilt«.[8] Odysseus stellt eher das Gegenteil unter Beweis: Er will Penelope in dem Alter, in dem sie ist. Nicht ewige Jugend, sondern Vergänglichkeit. Nostalgie stellt zwar einen Zusammenhang zwischen Raum und Zeit her, aber sie wählt die Sterblichkeit und verankert sie an einem Ort. Die Liebe woanders, die Liebe des Anderswo verblasst vor dem Begehren des Gleichen. Eher als für die souveräne Schönheit von Kalypso und für Ewigkeit entscheidet Nostalgie sich für die Endlichkeit und für *oikade*, das Heim. Heimzukehren heißt, sich dem allgemeinen Schicksal zu ergeben: altern, sterben – »An seiner Väter Herd bis an sein End zu wohnen«, wonach Du Bellay sich sehnte. Und als Odysseus ein zweites Mal aufbricht, sehnt er sich immer noch nach Heimkehr.

Die Wiedererkennung

Doch woher weiß man, dass man zuhause angekommen ist?

Odysseus ist schon einmal bis auf Sichtweite vor Ithaka gelangt. Er erzählt den Phaiaken, wie er nach der Episode mit den Kyklopen die Insel des Königs der Winde, Aiolos, erreicht habe, der ihn und seine Gefährten empfing. Der wohlmeinende König der Winde wollte für seine sichere Heimkehr sorgen, indem er den lauen Westwind wehen ließ und die heulenden Winde in einen Schlauch einschloss, den er ihm mitgab. Nach neun Tagen und neun Nächten Fahrt zeigten sich denn auch schon die heimatlichen Gefilde – so nah, dass die Wachfeuer zu sehen waren. Odysseus sagt: »Da kam ein süßer Schlaf über mich, den Ermatteten. Denn immer hatte ich das Ruder des Schiffes geführt und es keinem andern gegeben unter den Gefährten, damit wir umso schneller in das väterliche Land gelangten.«[9] Er schläft ein, die Gefährten öffnen den Schlauch und die Winde entweichen, alles beginnt von vorn. Als Odysseus Ithaka vom Meer aus sieht, erkennt er es deutlich, doch weil er einschläft, verliert er es abermals acht Jahre lang – eine Odyssee: die Laistrygonen, Kirke, der Hades, die Sirenen, Scylla und Charybdis, die Sonneninsel, Kalypso.

Dies ist also sein zweiter Anlauf. Odysseus hat Kalypsos Insel auf einem Floß verlassen, er hat Schiffbruch erlitten, wie sie vorhergesagt hatte, erschöpft ist er am Strand in der Nähe einer Flussmündung eingeschlafen. Dort weckt ihn ein Ball, mit dem Nausikaa und ihre Mägde spielen, während sie darauf warten, dass die Wäsche trocken wird. Er fleht sie an (»Bei deinen Knien [...] wie ich [...] mich gewaltig fürchte, deine Knie zu berühren«, sagt er und wird so zum Erfinder der Performativität[10]), er gelangt zum Palast der Phaiaken, genießt ihre Gastfreundschaft, hört der Erzählung der

Ilias zu, die ihn in Tränen ausbrechen lässt, und setzt selbst die Erzählung fort ... Auch wenn sie dadurch den Zorn des Meeresgottes auf sich ziehen, bringen die Phaiaken, die gute Fährmänner sind, ihn zurück – ihn allein, denn seine Gefährten sind allesamt ums Leben gekommen. Sie legen ihn auf seiner Insel nieder – wie an vielen entscheidenden Momenten ist er tief eingeschlafen.

Odysseus, der sie erkannt hatte, als er noch nicht dort war, erkennt sie jetzt, wo er da ist, nicht wieder. Der XIII. Gesang ist dieser Verkennung gewidmet, der die Tatsache entspricht, dass Odysseus seinerseits nicht erkannt werden darf, nicht wiederzuerkennen ist.

> Er aber erwachte, der göttliche Odysseus, aus dem Schlaf in seinem väterlichen Lande. Und er erkannte es nicht, da er schon lange fern war. Denn es hatte ein Gott einen Nebel darüber ausgegossen: Pallas Athene, die Tochter des Zeus, damit sie ihn unkenntlich machen ... (XIII, 187-191)

Endlich ist er da und doch ist er überhaupt nicht da, alles hat eine andere Form, eine andere Gestalt (*alloeidos*), und nichts ist so fremd, so erschreckend unheimlich*, nichts so beängstigend wie seine Heimat. Die Freud'schen Begriffe sind hier keineswegs fehl am Platz: Die Heimat* ist unheimlich*, das Heim* ein Unheim*, das Paradigma von »Unheimlichkeit« schlechthin; denn, schreibt Freud, »[d]as deutsche Wort ›unheimlich‹ ist offenbar der Gegensatz zu heimlich, heimisch, vertraut, und der Schluß liegt nahe, es sei etwas eben darum schreckhaft, weil es *nicht* bekannt und vertraut ist«. Dies sei aber falsch, führt er weiter aus, »das Unheimliche sei jene Art des Schreckhaften, welche auf das Altbekannte, Längstvertraute zurückgeht«.[11] Aus diesem Grunde hat Victor Béraud wahrscheinlich ungenau, aber völlig zu Recht, in seiner französischen Übersetzung der *Odyssee* den Begriff »Angst« als jene besondere Form von Furcht verwendet, die nicht auf ein Objekt bezogen ist und einem die Kehle zuschnürt:

> Darum erschien dem Herrn alles andersartig: die fortlaufenden Pfade und die Buchten, die überall Ankerplätze boten, die schroffen Felsen und die Bäume, die kräftig sprossenden. Und er sprang auf, trat hin und sah auf das väterliche Land und jammerte dann und schlug sich auf die beiden Schenkel mit den nach unten gekehrten Händen und sprach das Wort mit Angst: ›O mir, ich! In das Land von welchen Sterblichen bin ich abermals gekommen?‹ (XIII, 194-200)[12]

Gründlich geht er die kostbaren Gaben durch, die neben ihm liegen: »und er vermißte nichts davon, doch jammerte er um sein väterliches Land und schlich entlang am Strand des vieltosenden Meeres, voller Angst« (219-221). Ganz nah am Ziel ist er ganz weit entfernt. Abwesenheit und Nebel kommen zusammen: Nein, die Heimat ist keine unverbrüchliche Tatsache, sie stellt sich nicht von selber ein, sie ist kein selbstevidenter *index sui*, wie es manchmal über Gott heißt. In Gestalt eines schönen jungen Mannes muss Athene sie ihm beschreiben und sie beim Namen nennen: »Ithaka«. Daraufhin muss die blauäugige Göttin, die wieder Frauengestalt annimmt, den Dunst in der Luft zerstreuen, damit er endlich den Sitz, die Erde, das Land und die nahrunggebende Ackerscholle von Ithaka sehen kann.[13] Woran erkennt man also wirklich die eigene Insel? Ich glaube, man erkennt sie, weil man dort wieder- bzw. anerkannt wird, das heißt, weil man dort eine Identität besitzt.

Neben der Nostalgie steht Odysseus' ganze Reise, die gesamte *Odyssee*, im Zeichen der Identitätssuche. Die berühmte Episode mit dem Kyklopen, dem Odysseus als Namen »Ich heiße *Outis*« (»Niemand«) zuschreit, ist einer ihrer Dreh- und Angelpunkte. Am bemerkenswertesten daran ist das Wortspiel im Zusammenhang mit den Negationen *outis/mêtis* als den beiden Möglichkeiten, auf Griechisch »keiner« oder »niemand« zu sagen, wenn man einmal davon absieht, dass Letzteres gleichlautend mit der für Odysseus charakteristischen »Listigkeit«, *mêtis,* ist. Identität ist eindeutig auch eine Frage des Signifikanten.[14] Als er nach Ithaka heimgekehrt ist, entwickelt sich die Identitätssuche nun aber zu einem Wiedererkennungsprozess: Die Wichtigkeit von Wörtern, von wörtlichen und metaphorischen Signifikanten, die besser passen als die eigentlichen Wörter, bestätigt sich also immer mehr.

Auf Ithaka wird Odysseus mehrere Male hintereinander auf ganz besondere Weise wiedererkannt. Ein Schlüsselmoment, vor seiner Ankunft auf Ithaka, dient dafür als Bedingung und als Kontrapunkt zu allen anderen. Dabei handelt es sich um den Moment, als Odysseus hört, wie die Sirenen seine Identität, »Odysseus«, besingen. Während er an ihrem Eiland entlangfährt, verstopft er die Ohren seiner Ruderer mit Wachs und lässt sich selbst an den Mast binden, damit er nicht ertrinkt, wenn er vor lauter Begehren zu ihnen ins Wasser springt, und die »Heimkehr verliert«. Er hört, dass sie ihn als den Helden bezeichnen, der er ist: »Auf, komm herbei, vielgepriesener Odysseus, du große Pracht unter den Achaiern!« (XII, 184f.) Odysseus freilich erzählt, wie er »an Ort und Stelle fest verharr[t]e« (*empedon autothi mimno*, XII, 161), wie angewurzelt am Mast, angebunden mit Tauen, die schmerzen und die noch fester zu ziehen er den Matrosen befiehlt. Diese Worte verraten, wie es ist, wenn man wiedererkannt, identifiziert wird: Man verharrt »an Ort und Stelle«, steht wie »angewurzelt« da. Ich lasse die *Odyssee* einen Augenblick lang beiseite, um zu zeigen, wie das Mythem als wiederkehrendes Element des Mythos zum Begriff wird. Dazu muss man wissen, dass diese Worte (*empedon autothi menei*, »wie angewurzelt an Ort und Stelle«, unbeweglich beharrlich verweilend) genau die Worte sind, die Parmenides in seinem Lehrgedicht, das heißt in dem großen *logos*, mit dem die Philosophie ihren Anfang nimmt, zur Beschreibung des Seienden heranzieht. Das Lehrgedicht verfolgt die Absicht, »den Weg des ›ist‹« bis zu dem Punkt zu verfolgen, an dem Seiendes, Denken und Sprechen ineinanderfallen. Am Ende dieses Weges, der gleichzeitig der Weg der griechischen Sprache ist, wird das Verb »ist« in Form des »Seienden« als eines substantivierten Partizips zu einem beschreibbaren und abbildbaren, sich selbst genügenden Subjekt. In ebendem Moment, in dem das Seiende seinen Namen, *to eon*, und seine eigene Identität erlangt, »verweilt« es, genau wie Odysseus, »unbeweglich in Grenzen gewaltiger Fesseln [...] so beharrlich dort«.[15] Wie angewurzelt fährt Odysseus also an der Küste der Sirenen vorbei und kehrt nach so vielen Drangsalen nach Ithaka zurück.

Dort erkennt ihn als Erster sein Sohn Telemachos wieder, der ihn beim Schweinehirten Eumaios sieht und dem er sowohl wie ein in Lumpen gehüllter Greis erscheint, was er ist, als auch wie ein Gott, nachdem Athene *charis*, Gnade, über sein Haupt ausgeschüttet hat. Die Wahrnehmung geht zwischen beidem hin und her. Telemachos sagt zu ihm: »Warst du wahrhaftig doch noch eben ein Greis und unwürdig gekleidet, und gleichst jetzt den Göttern, die den breiten Himmel innehaben!« (XVI, 199-200, immer wieder diese Immanenz ...). Odysseus antwortet: »[...] kein anderer Odysseus wird dir noch hierher kommen, sondern so wie ich hier vor dir stehe, bin ich« (XVI, 204-205). Das erste Wiedererkennen durch seinen Sohn ist also uneben: Es schwankt zwischen nicht genug und zu viel.

Direkt und unmittelbar erkennt ihn allein sein Hund Argos wieder, der völlig verlaust auf einem Haufen Mist liegt und den Kopf hebt und die Ohren aufrichtet, als er Odysseus »sieht« und »erkennt« (*ennoesen Odyssea*, XVII, 301). »Sehen«, »Erkennen« wird hier mit *noein* wiedergegeben – mit genau dem Verb, das in der *Metaphysik* von Aristoteles die göttliche Einsicht, *noesis noeseos* (»Denken des Denkens«) bezeichnet –, auch das Gespür, der »Riecher«, wird auf den Begriff gebracht und Argos stirbt auf seinem Misthaufen.

Danach erkennt ihn die Amme wieder, als sie ihm die Füße wäscht und die Narbe sieht und wiedererkennt, die vom Stoßzahn eines Keilers stammt – damit haben wir den gesamten Stoff beisammen, den man für eine Tragödie braucht: das »Wiedererkennen« (die *anagnorisis* aus der *Poetik* von Aristoteles) anhand eines »Zeichens« oder »Anzeichens« (*sema*), das bis zu Voltaire und dem Kreuz meiner Mutter bzw. bestickter Wäsche seine Funktion erfüllt hat.

Bleibt noch ein letztes Wiedererkennen,[16] das allerdings am meisten zählt: dass nämlich seine Frau Penelope ihn wiedererkennt. Dieses Wiedererkennen von Mann und Frau stellt für sich genommen wieder eine ganze Wiedererkennungs-Odyssee dar. Durch sie versteht man erst, was »Verwurzelung« wirklich heißen soll. Dabei geht es zunächst erneut um ein Zeichen, die gut »erkennbare« Spange am Mantel, aber dieses Zeichen reicht umso weniger aus, als es zu früh kommt und Odysseus die Wahrheit weiter verhehlt: Odysseus, sagt Odysseus, habe ihm die Spange gegeben. Er beginnt, wie gewöhnlich zu lügen, indem er sich als ein anderer ausgibt, und überzeugt Penelope, dass er nicht Odysseus ist, sondern ihm nur begegnet sei (»und reihte viel Trügerisches, dem Wahren ähnlich, aneinander«, XIX, 204). Sie erzählt ihm, sie habe von Odysseus geträumt, der ihr in ihrem Traum versichert habe, er werde der Adler sein, der die Gänse tötet – die Freier –, und ihr auch versichert: »Kein Traum ist dieses, sondern helle Wahrheit.«[17] Sie gehen wie zwei Fremde schlafen, sie weint und träumt wieder, dass Odysseus an ihrer Seite schlafe und dass dies kein Traum, sondern die helle Wahrheit sei (XX, 90).

Die Szene mit dem Bogenschießen. Mit Hilfe von Telemachos und zweier Getreuer tötet Odysseus alle Freier, die verräterischen Mägde hängt er auf. Ich überspringe diese Szenen voller Lärm und Wut. Endlich kann er vor aller Augen als »Odysseus« in Erscheinung treten. Vor allen, aber nicht vor Penelope. Sie stecken weiterhin in den Windungen der Wirklichkeit, in ihrer Listigkeit fest.

Die treuen Mägde küssen ihn, die Amme weckt Penelope auf, die Athene hatte einschlafen lassen: »Gekommen ist Odysseus und in das Haus gelangt, und ist er auch erst spät gekommen« (XXIII, 7); »gekommen ist Odysseus und in das Haus gelangt, wie ich es sage: der Fremde, den alle mißachtet haben« (26-27). Die umsichtige Penelope entgegnet ihr, sie sei toll geworden. Dennoch glaubt sie ihr, springt aus dem Bett, weint vor Freude, aber trotz alledem schließt sie daraus, »dem Odysseus ist die Heimkehr zugrunde gegangen fern von dem Achaierland, zugrunde gegangen ist er selbst« (68). Nichts ist so schwer wie dieses verkennende Wiedererkennen. Sie setzt sich ihm gegenüber, senkt den Blick, wie Frauen es tun, und erkennt ihn nicht wieder oder sagt vielmehr nichts, ihr Herz ist »erstarrt« wie bei einer Toten, sie ist »starr« vor Erstaunen,[18] sie kann ihn nichts fragen und ihm auch nicht direkt in die Augen sehen. Telemachos ist empört: »Mutter«, »böse Mutter« mit einem »so abweisenden Sinn«. Er ist es und er ist es nicht, in Lumpen, 20 Jahre später: wenn es Odysseus ist, »wenn er wirklich Odysseus ist und ist zu seinem Haus gekommen« (107-108).

»Den großherzigen Odysseus aber wusch die Beschließerin Eurynome in seinem Hause« (153). Er gibt seine listigen Befehle, damit Gemetzel und Familienrache keine negativen Folgen haben. Dann badet er, wird in Öl gesalbt, zieht Mantel und Leibrock an, Anmut ergießt sich über seine Schultern, er steigt aus der Wanne, den Unsterblichen ähnlich, und setzt sich wieder in seinen Lehnstuhl. Unerweichlichen und eisernen Herzens, sagt sie kein Wort.

Verwurzelung im wörtlichen Sinne

Das liegt daran, dass Penelopes Wiedererkennen, das heißt die Identität des endlich zu seiner treuen Frau heimgekehrten Odysseus an ein anderes Wiedererkennungszeichen geknüpft ist, das die Metapher sprengt und im wahrsten Sinne des Wortes für »Verwurzelung« steht.

In voller Länge lautet die Stelle folgendermaßen:

> Den großherzigen Odysseus aber wusch die Beschließerin Eurynome in seinem Hause und salbte ihn mit Öl und warf einen schönen Mantel und Leibrock um ihn, und Athene goß ihm viel Schönheit über das Haupt herab [...]. Und er stieg aus der Wanne, an Gestalt Unsterblichen ähnlich, und setzte sich abermals auf den Lehnstuhl, von dem er aufgestanden war, seiner Gattin gegenüber, und sagte zu ihr die Rede:

»Seltsame! Über die weiblichen Frauen hinaus haben sie, die die olympischen Häuser innehaben, dir ein unerweichliches Herz gegeben! [...] Doch auf, Mütterchen! Schlage mir das Bett auf, damit ich mich auch selber lege! Denn wahrhaftig, sie hat ein eisernes Herz in der Brust!«
Da sagte hinwieder zu ihm die umsichtige Penelopeia:
»Seltsamer! Nicht bin ich stolz noch geringschätzig noch gar zu verwundert, sondern weiß gar wohl, wie du warst, als du von Ithaka in dem langrudrigen Schiff hinweggingst. Doch auf, schlage ihm das Bett auf, Eurykleia, draußen vor der guterstellten Kammer, die er selbst gebaut hat! Habt ihr ihm dort das feste Bett hinausgestellt, so legt Bettzeug hinein, Felle und Decken und schimmernde Tücher!«
So sprach sie und stellte den Gatten auf die Probe. Odysseus aber fuhr auf und sagte zu seiner Gattin, die Sorgsames wußte:
»O Frau! Wahrhaftig, ein herzkränkendes Wort hast du da gesprochen! Wer hat mir das Bett woanders hingestellt? Schwer wäre es, und wäre er auch noch so kundig, wenn nicht ein Gott selbst käme [...], da ein großes Zeichen gewirkt ist in dem Bette, dem mit Kunst verfertigten. Ich selber habe es gearbeitet und kein anderer! Ein Busch, ein blätterstreckender, von einem Ölbaum, wuchs in dem Gehege, ausgewachsen, kräftig sprossend, und war an Dicke wie ein Pfeiler. Um diesen legte ich mein Schlafgemach an und baute es, bis ich es vollendet hatte, mit dichten Steinen, und überwölbte es oben gut und setzte davor gefugte Türen, dicht eingepaßte. Und hieb dann alsbald den Wipfel des blätterstreckenden Ölbaums ab, schnitt den Stumpf von der Wurzel herauf zurecht, schabte ihn rings mit dem Erze gut und werkkundig und richtete ihn gerade nach der Richtschnur, daß ich ihn zum Pfosten des Bettes machte, durchbohrte ihn ganz mit dem Bohrer und zimmerte, von ihm ausgehend, das Bett zurecht [...] und durchspannte es mit

> einem Riemen von einem Rinde, einem von Purpur schimmernden. So weise ich dir dieses Zeichen. Doch weiß ich nicht: ist es mir noch beständig (*empedon*), Frau, das Bett? Oder hat es unterdessen einer der Männer woanders hingestellt, nachdem er den Stamm des Ölbaums unten abgeschnitten?« (XXIII, 153-204)

»Beständig« an Ort und Stelle, angewurzelt, *empedon*, wie Odysseus gegenüber den Sirenen und das Seiende bei Parmenides. Verwurzelung ist keineswegs eine reine Metapher, sondern zunächst einmal das verwurzelte, direkt in den Baumstamm eingelassene Braut- und Ehebett. Wie man sich bettet, so liegt man: buchstäblich verwurzelt in der Heimaterde. Ebendadurch weiß man, dass man zuhause ist. Und so hat denn auch Penelope, deren Knie und Herz sich lösen, die »Zeichen« (*semata*) erkannt, Wiedererkennungszeichen, die ihrerseits so »unumstößlich« (*empeda*) sind wie das Bett im Olivenbaum, das bewiesen hat, dass es sich um Odysseus handelt. Sie läuft auf ihn zu, wirft ihm die Arme um den Hals, benetzt sein Gesicht mit ihren Tränen und sagt: »Sei mir, Odysseus, nicht gram! Da du doch auch in anderem am meisten Einsicht hast unter den Menschen!« (XXIII, 209f.)

Nach 20 Jahren muss auch sie, die Gefährtin mit der strategischen Intelligenz (*periphron*: sie erfasst und bedenkt etwas von allen Seiten), ihren Gatten auf die Probe stellen (181), sich in Sachen Klugheit und Distanz bei ihm revanchieren – der sie unaufhörlich angelogen hat und sie warten ließ, als er sich die ganze Zeit, die er brauchte, um unbehelligt Rache zu üben, als jemand anderes ausgegeben hat, der ihr zunächst nicht vertraut hat und willensstark genug war, die erste Nacht nach seiner Heimkehr fern von ihr zu verbringen, der nicht auf sie zugeht und sie in die Arme nimmt, als er sie weinen, träumen und spüren sieht, dass er es ist. Sie hat also sein Misstrauen, seine Zurückhaltung und seine Listigkeit genauso geteilt wie das symbolische Zeichen der Verwurzelung.

Die Liebe ist *empedon*, sie macht unbeweglich. Als er bei Kalypso ist, beklagt sich Odysseus: »Dort blieb ich sieben Jahre unablässig« (*empedon*, VII, 259). *Empedon* bezeichnet auch die Wirkung der Fesseln, die der gehörnte Hephaistos Ares und Aphrodite anlegt: Er »schmiedete unzerbrechliche, unlösbare Bande, daß beide unverrückt am Orte bleiben mußten« (*empedon authi menoien*, VIII, 275). Doch »verwurzelt« ist zunächst einmal ganz unmetaphorisch das Ehebett, in dem Natur und Kultur sich vermählen, der an Ort und Stelle verharrende Olivenbaum und die *techne* von Odysseus, seine Kunst und seine Erfindungsgabe als Hausherr. Daran, dass etwas Natur und Kultur auf sich vereint, gibt sich das Zuhause zu erkennen. »Verwurzelung« – eine wörtliche Metapher für Nostalgie, die zu all jenen Wörtern gehört, die der *mythos* – Mythos und Erzählung – der Odyssee im Guten wie im Schlechten auf den Begriff gebracht hat.

Danach kommt es zum zärtlichsten Moment, aus dem wechselseitige Liebe spricht: Der schiffbrüchige Odysseus kehrt zwar nach Hause zurück, aber der Anblick von Odysseus ist für Penelope so schön wie das Land für den Schiffbrüchigen, willkommen dem Willkommenen;[19] ihre weißen Arme können sich nicht mehr von seinem Hals lösen.

Die Zeit steht kopf: Halte die Nacht an

Es nimmt kein Ende, dass Odysseus nicht nach Hause zurückkommt. »Wohl dem, der wie Ulyss eine schöne Reise gemacht [...] / Um dann zurückgekehrt, voll Weisheit und Verstand / An seiner Väter Herd bis an sein End zu wohnen.«[20] Es gibt nichts, was so wenig homerisch ist wie Du Bellays sehnsüchtige Worte. Zunächst einmal ist Odysseus' Reise keine bzw. nicht nur eine schöne Reise; vor allem aber muss der Held gleich nach seiner Rückkehr wieder aufbrechen, und dies wird häufig nicht beachtet oder vergessen. Die *Odyssee* ist nicht zu Ende, oder, besser gesagt, das Versepos ist zu Ende, aber die Reise nicht. Odysseus kommt zwar nach Hause, aber er ist noch nicht zurück, und das weiß er. Bevor sie das Schlafgemach betreten und zu Bett gehen, sagt Odysseus seiner wiedergefundenen Gefährtin, dass eine weitere Prüfung ihn erwarte: Er muss schon am folgenden Tag noch weiter in die äußerste Fremde reisen, wie Teiresias ihm im Hades geweissagt hat.

Doch bis der nächste Tag anbricht, besteht an diesem Abend der erste Effekt des »noch nicht« in einer verstohlenen Ausdehnung der Zeit: Athene hält Eos am Ufer des Ozeans zurück und verhindert, dass sie die schnellfüßigen Pferde anschirrt, die das Licht bringen, sie verlängert die Nacht, die die Welt umhüllt; die Götter haben Erbarmen mit den Liebenden und halten die Nacht an. Diese erfreuen sich der ersehnten Liebe und erfreuen sich mit Reden und Erzählungen, bevor sie einschlafen (XXIII, 300-301). Eine solche Unendlichkeit in der Endlichkeit ist eine sehr gute Beschreibung von Liebe.

Ein erfüllter Augenblick, der eine Ewigkeit währt und als solcher schon dem Schmerz ein Ende bereitet. Eine klinische Frage plagt Bolzinger, der sich zum Sprachrohr der Schweizer Mediziner entwickelt: »Inwiefern ist eine kurze Hin- und Rückreise, um die Familie innig zu umarmen, heilsam für jemanden, den seine schwindende Moral an die Schwelle des Todes geführt hat? Die Wirksamkeit einer Behandlung mit Heimkehr, die 200 Jahre medizinische Praxis bestätigt haben, ist nie prinzipiell analysiert worden.«[21] Und er führt die Fälle jener Soldaten an, für die es gereicht habe, ihr Dorf von oben, vom gegenüberliegenden Hügel aus zu sehen oder auch nur Kühe auf einer Wiese zu beobachten! Ein aus der Zeit fallender Augenblick, ein *kairos*, der Geschichte schreibt, ein Einschnitt oder eine Ausnahmesituation: Es gibt wahrscheinlich nichts anderes, das mit »all« der Zeit, mit der langen Zeit der Entbehrung konkurrieren kann. Die Theologie hat das schon immer gewusst: Augenblick/Ewigkeit …

> Doch ihnen ging Eurynome, die Kammerfrau, [die das Lager bereitet hatte], voran, als sie zum Lager schritten, und hielt eine Fackel in den Händen. Und als sie sie in das Schlafgemach geleitet hatte, ging sie wieder. Doch sie gelangten alsbald froh zu ihres alten Bettes Stätte.[22]

Dies ist das Ende der Odyssee, ihre Vollendung – das *telos Odysseias* nach alter kritischer Tradition. Auf diese Weise endet das Versepos der *Odyssee*, aber die Odyssee als Heimreise endet nicht auf diese Weise. Mit der Ankündigung der neuerlichen Abreise findet die lange *Odyssee*, die wir kennen, ein Ende, aber eine weitere, noch längere Odyssee beginnt sich gerade erst abzuzeichnen. Odysseus ist heimgekehrt, aber er ist noch nicht zurück, und in meinen Augen besteht genau in diesem »noch nicht« die Zeit der Nostalgie.

Noch nicht, aber wie lange nicht?

Damit Odysseus dableiben, endlich *da* sein kann, muss er noch einen *ponos*, harte Arbeit und Leid, zu Ende bringen, die »unermeßliche«, »viele und schwere« Mühsal (XXIII, 250) einer anderen Art von Kampf als das Kämpfen mit Waffen. Diese Bewährungsprobe ist buchstäblich von außergewöhnlicher symbolischer Kraft. Sie wirkt wie das Gegenstück zum verwurzelten Bett, das genauso wenig metaphorisch ist wie sie.

Odysseus muss (fern vom Licht der Sonne, inmitten kraftloser Schatten ließ der Seher ihn dies wissen, nachdem er schwarzes Blut getrunken hatte[23]) von Stadt zu Stadt ziehen, ein glatt geschliffenes Ruder in seinen Armen, bis er zu Menschen kommt, die weder das Meer noch mit Salz vermengte Speisen und auch keine Schiffe mit rotpurpurnen Wangen und keine Ruder kennen, die Flügel der Schiffe. Das leicht erkennbare Anzeichen dafür werde es sein, sagt er, »wenn ein anderer Wanderer mir begegnete und sagte, daß ich eine Worfschaufel auf der glänzenden Schulter hätte« (XXIII, 273-275).

Er muss also wahrlich bis ans andere Ende der Welt reisen, weitestmöglich von der Odyssee und vom Mittelmeer entfernt, zu denen, die so wenig vom Meer und vom Ruhm der Griechen wissen, dass sie ein Ruder für eine Worfschaufel halten und auf diese Weise etwas, das sie nicht kennen, an und durch ihre Kultur assimilieren, Fremdheit und Andersheit »integrieren«, würde man heute wahrscheinlich sagen. Als gänzlich misszuverstehenden und durch und durch vorsichtigen Ausdruck für das Allerentlegendste finde ich den Satz »Was ist das für eine Worfschaufel auf deiner glänzenden Schulter?« großartig. Nur das Missverständnis, das dem Verhältnis von Eigenem und Fremden zugrunde liegt – jenes Ruder/jene Worfschaufel – ist das Anzeichen, das sichere Zeichen des Anderswo. Zwei zusätzliche Lehren: keine Wahrnehmung von Andersheit ohne Reduktion aufs Identische und keine Gewissheit über das Anderswo, ohne dass einem der Verlust, der mit der Assimilation verbunden ist, bewusst wird.

Erst jetzt, an diesem Tag, darf Odysseus »das Ruder in die Erde heften« und König Poseidon das schöne Opfer eines Stiers, eines Schafbocks und eines Ebers darbringen, der bereit ist, die Sauen zu bespringen. Poseidon, Meeresgott und Vater des Kyklopen, den Odysseus geblendet und besiegt hat, wird ihn nicht mehr mit seinem Hass verfolgen. Auf dem freien Land, im Herzen des Kontinents und nicht an den Küsten der Inseln, weitestmöglich vom Meer entfernt. So schlägt das Meer noch im hintersten Winkel der sich nicht um es scherenden Erde Wurzeln und schreibt sich dort ein. Poseidon herrscht bis an die äußersten Grenzen und wird sogar dort verehrt, wo nicht einmal sein Name bekannt ist. Man versteht, warum ihn das zufriedenstellt.

Erst jetzt darf Odysseus nach Hause zurückkehren (*oikade*, XXIII, 279). Den unsterblichen Göttern wird er heilige Hundertopfer darbringen und er meint, »es werde ein Tod mir fern vom Meere kommen (*ex halos*), ein so ganz gelinder, der mich töten würde, entkräftet in einem von Salben glänzenden Alter, und es würden um mich die Männer des Volkes gesegnet sein«. Endlich »[a]n seiner Väter Herd bis an sein End [...] wohnen«, jedenfalls zuhause sterben. Doch genau an dieser Stelle ist das Griechische mehrdeutig, das ich wörtlich zitiert habe: Ist ein Tod *ex halos* ein Tod »fern vom Meer«, der mit dem Meer und mit Schiffbrüchigkeit nichts zu tun hat? Oder handelt es sich um einen Tod, der »vom Meer kommt« und deshalb so »gelinde« ist, weil er von dort kommt? Darüber haben die Philologen sich seit jeher den Kopf zerbrochen und erbittert gestritten.

Auch uns kann es als Ausgangspunkt dienen. Daheim, *oikade*, überlässt das Meer der Irrfahrten ihn der

Erde, in der sein Bett wurzelt. Doch haben wir keinerlei Vorstellung davon, wie lange es dauern wird, bis diese Odyssee nach der *Odyssee* »anderswo« ankommt. Wird es jemals ein Anderswo geben, das so radikal, so weit entfernt und so anders ist, dass dort noch nie ein Ruder, wenn nicht das einer Triere, so doch zumindest das einer Flussbarke, gesichtet oder imaginiert wurde? Ruder sind die »Flügel der Schiffe«, doch wo sieht niemand Vögel und niemand Wasser? Das »noch nicht« kann sich unendlich in die Länge ziehen, und zwar zum Vergnügen. Wissen wir das nicht alle?

Im Hinblick worauf ist Nostalgie letzten Endes nostalgisch? Ist sie nostalgisch im Hinblick auf dasselbe oder im Hinblick auf das Andere? Wenn für die Schweizer in manchen Fällen ein Blick auf ihr Dorf oder eine Kuh genügte, damit sie zufrieden wieder aufbrachen, dann hat Nostalgie wahrscheinlich zwei Gesichter: Verwurzelung und Irrfahrt. Der Göttinger Lieblingsschüler von Haller, Zimmermann, der im Ergänzungsband von Diderots *Encyclopédie* den Eintrag »Nostalgie« verfasst hat (die Auflage davor enthielt bloß den Eintrag »Hemvé« von Abbé Dubos), lehnte eine Einladung von Katharina der Großen ab, um zuhause in Brugg bleiben zu können. Gleichwohl empfindet er dort so etwas wie eine Sehnsucht nach dem Anderswo, denn in seiner Abhandlung *Von der Erfahrung in der Arzneykunst* schreibt er: »Jeder Schweitzer fühlt endlich wie ich, das Heimweh unter einem andern Namen mitten auf dem Feuerheerd seiner Hausgötter, wenn er glaubt, er lebte vergnügter in einer andern Stadt oder in einem andern Lande.«[24] Erfinden wir für ihn also die »Planalgie«, von *plane*, der Irrfahrt, *planaomai*, »umherirren« wie ein »Planet« – jenem anderen charakteristischen Wort in der *Odyssee*, das jene andere Seite des die Meere befahrenden Odysseus und die Sterblichen im Allgemeinen kennzeichnet, wie Parmenides sie versteht:[25] der schmerzliche Wunsch nicht nach Heimkehr, sondern nach Irrfahrt – ganz trivial gesagt, wenn man das Bedürfnis nach Luftveränderung verspürt und Lust hat abzuhauen … Doch als Zimmermann sich entschließt aufzubrechen und an den englischen Hof zu reisen, weit von seinem Dorf gelegen, in dem er an seinem Wissen erstickt, stirbt er, und zwar sehr schnell, vor Nostalgie, genauso wie seine ihn begleitende Frau und seine Tochter. Die deutsche Sprache bringt das gut zum Ausdruck: Heimweh* und Fernweh*, Skylla und Charybdis.

Wahrscheinlich hat der vom Mediävisten Rüdi Imbach so genau gelesene Dante diesen anderen Odysseus am besten verstanden. Als Erstes zitiert Imbach Levinas, für den Odysseus »das Symbol einer Metaphysik des Selben« gewesen sei, »deren Wesen in der Rückkehr zum Ursprung« bestehe. Deshalb »möchten wir«, schreibt Levinas, »dem Mythos von Odysseus, der nach Ithaka zurückkehrt, […] die Geschichte Abrahams entgegensetzen, der für immer sein Vaterland verläßt, um nach einem noch unbekannten Land aufzubrechen, und der seinem Knecht gebietet, selbst seinen Sohn nicht zu diesem Ausgangspunkt zurückzuführen«.[26] Entweder Nostalgie oder gelobtes Land – wenn wir die Sehnsucht nach dem gelobten Land für den Moment beiseitelassen. Doch bei Dante ist Odysseus in der Hölle. Während Odysseus in den Augen der Neuplatoniker ein Bild für die Seele sei, die zu ihrem Ursprung zurückkehre, »kehrt Dante diesen Symbolismus um: *Odysseus ist ein Emigrant, der nicht mehr heimkehren möchte*. Auf diese Weise wird er zum Symbol für eine Erkenntnis, die ständig auf der Suche ist und die Dinge erkundet«, ohne Grenzen, bis über die Säulen von Herkules hinaus. Dante verbannt ihn also in die Hölle, weil er im Unterschied zu Aeneas die Grenzen der menschlichen Vernunft, die dem Glauben den ihm gebührenden Platz einräumen sollen, nicht respektiert, sodass er auf jeden Fall Schiffbruch erleiden wird. Doch in den Augen derer, die nicht unbedingt glauben, dass dem Glauben ein Platz gebührt, erinnert der Odysseus, der zu einem unwahrscheinlichen und radikalen Anderswo aufbricht, der Emigrant, der nicht mehr heimkehren möchte, vielleicht mehr an Odysseus als der Odysseus, der als weiser König, guter Vater und braver Ehemann in seinen Palast zurückgekehrt ist. Odysseus *polytropos*, der sein Leben durch einen weiteren listigen Umweg immer wieder neu erfindet, ist nicht so ohne Weiteres ein Hausmann, der vor Ort an seinem Platz ist.

Wann ist man wirklich zuhause? Wann ist Odysseus wirklich zuhause? Wann ist er *oikade*, daheim? Drei Tage, die Zeit, die er braucht, um die Freier und die treulosen Dienerinnen zu töten, um sich Telemachos – dem Hund Argos – dem Schweinehirten Eumaios – der Amme Eurykleia – den guten Dienerinnen – Penelope –

Laertes – allen Einwohnern von Ithaka zu erkennen zu geben? Um die lange Nacht mit Penelope zu verbringen? Ein so kurzer Zeitraum im Vergleich zur Irrfahrt: in 20 Jahren drei Tage zuhause?

Oder als er wieder aufbricht, bis … bis er an einen Ort gelangt, an dem das, was er ist, was ihn im Guten wie im Schlechten bestimmt, das Meer, seine Stürme, seine Sirenen, seine Schiffbrüche, seine Nachen, seine Inseln, völlig unbekannt sind? Aber heißt das nicht, dass er an allen anderen Orten mehr zuhause ist als in jenem unwahrscheinlichen Anderswo? Sein Zuhause ist das Mittelmeer. Seine Identität, sein »Ich« und sein »Zuhause« reichen bis an die Grenzen der bekannten Welt.

Zweifache Nostalgie

Anders ausdrücken lässt sich die innere Spannung von Nostalgie mit Hilfe der beiden deutschen Wörter Heimweh* und Sehnsucht* als zwei philosophischen Vorstellungen, die letzten Endes die gesamte Philosophiegeschichte unaufhörlich umgetrieben haben.[27]

Auf der einen Seite Heimweh*: der Wunsch zurückzukehren, eine in sich geschlossene Nostalgie, die in sich kreist, wie der Odysseus von Giorgio de Chirico, der in seinem Zimmer auf einer Wasserlache umherrudert, *home sweet home* – ein wunderbares Bild von 1968. In dem Zimmer, wahrscheinlich in einem Hotel, stehen ein großer schwarzer Schrank, ein Ohrensessel und ein Küchenstuhl, an den Wänden hängt ein Bild von de Chirico, auf dem eine Statue zu sehen ist, und gegenüber befindet sich eher eine Glasscheibe als ein Fenster, durch die man einen griechischen Tempel sieht. Das Meer in der Mitte des Zimmers ist ein plüschiger bläulicher Badevorleger mit gekräuseltem Rand, auf dem ein junger Odysseus allein in einem Boot unverdrossen umherrudert. Aber die Tür ist offen! Das ist der Vorteil von zyklischer Kreisförmigkeit, bei der die Zeit, *chronos*, zirkulär verläuft. Ich schlage hier lediglich ein paar Pflöcke ein: Dieses zirkuläre Verständnis von Philosophie im Zeichen des »re-« bzw. »rück-« oder »wieder-« nimmt zunächst einmal im Neuplatonismus und in seiner christianisierenden Interpretation der *Odyssee* als glücklicher Rückkehr zum Ursprung Gestalt an, und der wie Christus ans Kreuz an den Mast gebundene Odysseus verkörpert ihre Seele.[28] In der Neuzeit lässt sich sowohl das reflexive, sich wiederholende, alles in sich aufnehmende Kreisen von Hegels Eule der Minerva auf diese Weise entschlüsseln als auch dessen Verwandlung durch den Willen zur Macht, die Nietzsche mit der ewigen Wiederkunft des Gleichen vornimmt. Odysseus, »der bei allen seinen Fahrten nur auf seine Geburtsinsel zugeht«:[29] Odysseus' Ideal ist Penelope, die standhafte Treue in Person, die Bande auflöst und neu knüpft, um für dasselbe in besserer Gestalt zu sorgen.

Auf der anderen Seite: Sehnsucht*, eine offene Nostalgie, die sich niemals auf sich selbst »zurück«besinnt; die nicht identifizierbare und nicht mathematisierbare unbestimmte Unendlichkeit des linearen *aion*, die verrinnt, aber niemals endet. Philosophie als romantischer

Giorgio de Chirico, *Die Rückkehr des Odysseus*, 1968
(Fondazione Giorgio e Ida Chirico, Rom)

Wunsch und als lacanistisches Begehren zugleich verfolgt so ein unbestimmtes Objekt bzw. ein unauffindbares Ideal: In Fichtes Augen bezeichnet das Sehnen* ein Streben des Ichs, einen Trieb, ein Bedürfnis, ein Missbehagen, eine Leere, »die Ausfüllung sucht und nicht andeutet, woher«.[30] Dies kann man bis zu Lacan, bis zu seinem unauffindbaren und omnipräsenten »Objekt a«, der Ursache des Begehrens, weiterspinnen. Odysseus der Abenteurer, Nomade, Weltbürger bis an deren äußerste Grenzen, überall und nirgends zuhause.

Wahrscheinlich ist diese Gegenüberstellung zu einfach, um vor dem lebensweltlichen oder philosophischen Denken Bestand zu haben. Wie bei Welle und

Teilchen handelt es sich um zwei Sichtweisen, die ineinander übergehen. Jeder Philosoph, jeder Reisende ist bemüht, den gesamten Profit einzuheimsen. Bei Odysseus ringen jedenfalls die Modelle miteinander, und von Dante und den Stoikern bis zu Horkheimer und Adorno[31] sind alle Interpretationen/Neuinterpretationen richtig. Er ist ein kosmopolitischer Held *und gleichzeitig* ein bürgerliches Individuum auf der Suche nach seiner Identität. Zwei Odysseuse in einem oder vielmehr eine immer schon in zwei Richtungen achtgebende Nostalgie, wie Günther Anders sie gut beschrieben hat: »Als Odysseus sich bei der Kalypso aufhielt, hatte er doppelt Acht zu geben. Nicht nur darauf, Ithaka im Herzen zu behalten, sondern auch darauf, das Bild seiner Irrfahrten nicht zu vergessen.«[32] Auf ihren zahllosen Umwegen ist auch die Nostalgie listenreich und polytrop.

AENEAS: VON DER NOSTALGIE ZUM EXIL

»... und sie alle unter einer Sprache zu Latinern machen.«
Vergil, *Aeneis*

Nostalgie im Hinblick auf die Zukunft: Wieder durchgehen und verbinden

Verwurzelung und Entwurzelung sind der Dreh- und Angelpunkt von Nostalgie.

Wenn im Fall einer Entwurzelung keine Hoffnung auf Heimkehr mehr besteht, wird der Exilant zur zentralen Figur. Odysseus wird zu Aeneas, den die Griechen aus dem brennenden Troja vertrieben haben und dessen Irrfahrt von Vergil statt von Homer geschildert wird. Und wenn man den Wunsch heimzukehren nicht oder nicht mehr verspürt (denn Schicksal hin oder her, ist es bekanntlich ratsamer, seine Wünsche zu ändern als die Weltordnung), wird der Emigrant zur zentralen Figur, der anderweitig Wurzeln schlägt – oder etwas anderem gegenüber Wurzeln den Vorzug gibt …

Von der Nostalgie zum Exil und von einem Epos zum anderen besteht das Ziel (*telos*) nicht mehr in der Rückkehr nach Hause (*oikade*), sondern in einer Gründung, in der Gründung von Rom, von Augustus' Rom. Die *Aeneis* ist die Schilderung einer langen, mit Liebschaften und Fallstricken übersäten Reise, die der Troer Aeneas bis nach Latium unternimmt, wo er eine Stadt gründet, Lavinium, ohne die Rom undenkbar wäre. Zu dem Zeitpunkt, als Vergil sein Epos verfasst, gibt es Rom allerdings bereits, es ist nicht nur schon gegründet, sondern auch mächtig, sodass es sich nicht um eine Zeit handelt, in der die Vergangenheit sich über eine polytrope Gegenwart bis in die Zukunft erstreckt, sondern um so etwas wie ein Futur II, eine vollendete Zukunft. Die Vergangenheit bleibt zwar natürlich bis zum letzten Atemzug im Gedächtnis gegenwärtig, weshalb die berühmten, so besonders zu Herzen gehenden *Aeneis*-Verse, *Et dulcis moriens reminiscitur Argos* (X, 782), unter den vielen medizinischen Thesen über die Nostalgie, die zu Papier gebracht worden sind, keineswegs fehl am Platz zu sein scheinen:[1] »Er blickt zum Himmel auf und erinnert sich sterbend an das liebliche Argos.« So schildert Vergil den Tod des Gefährten von Hercules, Antores, der Argos verlassen hat, um sich in Italien Euandros anzuschließen, und einem Speer zum Opfer fällt, der für Aeneas bestimmt war. Aber gleichzeitig bricht sich ein merkwürdiges, auf die Zukunft gerichtetes Eingedenken Bahn: Nostalgie im Hinblick auf die Vergangenheit, auf das zerstörte, in der Erinnerung gegenwärtige Troja, mischt sich mit Nostalgie im Hinblick auf Rom als einer Zukunft, die bereits da ist. Die Nostalgie wird also im Futur II niedergeschrieben, und wahrscheinlich ist dieses auch die Zeit aller Gründungen, bei denen es sich möglicherweise immer nur um Neu-Gründungen handelt. Schließlich geht es insgesamt um die rückwirkende Kraft des Wahren, mit deren Hilfe Geschichte *durch* ihre Erzählung, *history* und *story*, als performative Vergangenheit konstruiert wird; denn die Historiker erschaffen eine bestimmte Vergangenheit, wenn sie die Geschichte auf der Grundlage ihres Wissens über die Gegenwart, aus ihrer Perspektive und nach Maßgabe ihrer Absichten aufschreiben.

Ex-silio bzw. *exilio* bedeutet *ex-salto*, hochspringen, aus etwas herausragen, emporschnellen, jubeln, auch vor Freude, aber *exsilium* bzw. *exsulium* bedeutet Exil, Verbannung. Man ist *exsul patriae*, aus seiner Heimat bzw. seinem Vaterland verbannt, *exsul mentis*, ohne Vernunft, was etymologisch auf *ex-solum*, ohne Land, zurückgeht.

Als jemanden außer Landes, der ohne Land von Land zu Land zieht, ohne sich niederlassen zu können, beschreibt Vergil Aeneas. Von der *Odyssee* zur *Aeneis* ändern sich die »Stich-« bzw. »Schlagwörter«, um es in der Sprache der Suchmaschinen und Rankings auszudrücken. Irrfahrt und Heimkehr im einen Fall (*Odyssee*, I, 1-2 und 9), Flucht und Exil im anderen (*Aeneis*, I, 1-2, und II, 639). Im Unterschied zu Odysseus, der seine Frau und seinen Sohn, seine Mutter und seinen Vater auf seiner Insel zurücklässt, nimmt der flüchtende Aeneas seine Heimat im wörtlichen Sinne auf seinem Rücken mit. In der Nacht, als Troja fällt und die Lage hoffnungslos ist, breitet er das Fell eines wilden Löwen über seine breiten Schultern und seinen gesenkten Nacken aus und lädt seinen Vater Anchises auf, den er bittet, »die heiligen Penaten der Väter« an sich zu nehmen (II, 720-723 und 717). Sein kleiner Sohn Iulus folgt ihm; seine Frau verläuft sich und stirbt.

Es handelt sich um eine neue Form von Heidentum: um Frömmigkeit im Sinne von Gottesfurcht. In der abenteuerlichen Durchlässigkeit der Schönheit der Welt ist Odysseus *dios Odysseus*, »der göttliche Odysseus«. Der durch die Bande von Frömmigkeit und Religion an die Heimat gebundene Aeneas ist *pius Aeneas*, »der fromme Aeneas«. *Pietas* ist die römische Tugend par excellence, die, wie Cicero sagt, »uns mahnt, [...] die Pflicht zu erfüllen«: gegenüber dem Vaterland, den Eltern und den Göttern.[2] Was die *religio* anbelangt, konkurrieren zwei Etymologien miteinander, die beide gleichermaßen erhellend sind: *relegere* von *legere*, »sammeln, zusammentragen«, ja sogar »wieder durchgehen«, um in Absetzung vom Aberglauben begründete Observanz zum Ausdruck zu bringen, in der rituelle Praxis mit ihrem Nachvollzug verknüpft ist – diese Etymologie gibt Cicero an;[3] Laktanz und Tertullian zufolge kommt *religere* von *ligare*, »binden«, um das sowohl rechtliche als auch moralische Band der Frömmigkeit auszudrücken, das uns mit den Göttern und mit der Welt »verbindet«, aus der wir hervorgehen. Da ihm von Anfang bis Ende die Hände gebunden sind, beachtet Aeneas mit Sicherheit die Bande, und allein diese Frömmigkeit versetzt ihn in die Lage, Troja mit Rom zu verbinden und Troja »wieder durchzugehen«, um Rom zu gründen.

Die einzige Gewissheit, zu der er während des gesamten Exils gelangt ist, besteht darin, dass ein zweites Troja nicht benötigt wird: Es geht nicht darum, dasselbe zu reproduzieren, sondern darum, anderes zu erschaffen. Aeneas' Exil ist sogar gespickt mit misslungenen Avataren von Troja, die ihn zwingen, seinen Weg fortzusetzen. In Thrakien will Aeneas die »Aeneade« gründen, der er seinen eigenen Namen gibt,[4] aber die Bäume fangen an zu bluten und er muss wieder aufbrechen. Auf Kreta gründet er die Stadt Pergamus, die fast so heißt wie Troja (III, 133), aber eine Seuche bricht aus und vor ihn treten die Penaten, die ihm befehlen, in Richtung Hesperien weiterzufahren, das heißt nach Italien. In Chaonien stößt Aeneas auf ein von Andromache gegründetes und von Pyrrhus aufgegebenes Pseudo-Troja, das dieser dem Priamiden Helenus, Achills Sohn, überlassen hat, der »das ganze Land Chaonien nannte nach dem Troianer Chaon, der unser Pergamum und die ilische Burg hier auf den Höhen erbaute«;[5] doch ist diese Kombination, die alles hatte, um siegreich zu sein, nichts weiter als eine lächerliche Kopie: »Im Weitergehen erkenne ich Klein-Troia und Pergamum, dem großen nachgebildet, dazu einen ausgetrockneten Bach, Xanthus genannt, und umfasse die Schwelle des skäischen Tores« (III, 349-352).

Die Irrfahrt ist lang: Sieben Jahre nach Trojas Untergang führen ihn die Winde zurück nach Sizilien, zu Acestes, an die Stelle, wo ein Jahr zuvor Anchises gestorben ist. Zu Ehren seines Vaters lässt Aeneas an dessen Todestag feierliche Spiele abhalten, aber die Troerinnen können nicht mehr, »sie sind es leid, die Strapazen des Meeres zu ertragen«, »sie erflehen eine Stadt« (V, 617) – »während wir übers weite Meer dem stets sich entziehenden Italien nacheilen und auf den Wogen treiben«.[6] Vor lauter Verzweiflung und Erschöpfung verbrennen sie die Schiffe. *Miserae cives*, »bedauernswerte

Mitbürgerinnen«, ruft Iulus aus. Mit göttlicher Hilfe bittet Aeneas Acestes, sie eine Stadt gründen zu lassen, damit die Frauen und Alten, die des Meeres müde sind, dort zurückbleiben können. Mit dem Pflug zeichnet er den Umriss der Stadt: »›dies soll Ilium, dieser Platz Troia sein‹, ordnet er an«,[7] gibt der Stadt aber den Namen Acesta. Es wird niemals ein zweites Troja geben, lediglich ein Acesta für müde Troerinnen. Denn nur *ohne* die bisherigen Frauen kann das Exil sich in Emigration verwandeln, in eine Neu-Gründung durch Vermischung. Aeneas bricht wieder auf und lässt sie alle zurück. Die epischen Schriften bilden den Weg von einer Frau zur anderen ab: Odysseus verlässt sie oder weist sie zurück (Kalypso, Nausikaa), um zu seiner Frau zurückzukehren, Aeneas verlässt sie oder lässt sie töten (Dido), um der Frau zu begegnen, die er braucht und die er noch nicht kennt.

Durch sich aus dem Ganzen erklärende Umkehrungen nimmt bis in den Wortlaut der Texte und Schilderungen hier alles die Form eines Chiasmus an.[8] Genauso wenig wie es darum geht, ein neues Troja zu errichten, darf man auch *Ilias* und *Odyssee* nicht reproduzieren, sie müssen von Grund auf neu erfunden werden – und ebendiese Form von »Nachahmung« nennt sich Kultur. Junos Eifersucht anstelle von Poseidons Wut, der Schutz von Venus statt von Athene, Jupiters Unparteilichkeit tritt an die Stelle des großen Plans von Zeus und anstatt der Tränen von Odysseus, als er beim Festmahl der Phaiaken hört, wie der Aöde sein Unglück besingt, die Tränen von Aeneas, als er den Krieg und seine eigene Silhouette auf dem Flachrelief des Juno-Tempels im heiligen Wald von Karthago sieht. Ein »lebloses Bild«,[9] aber es verwandelt den Ruhm des griechischen Helden in ein römisches Denkmal, *kleos* wird zu *monumentum*.

Zurück zum Ausgangspunkt

Der eigentliche Unterschied besteht im Zweck, im *telos* der Reise. Während Odysseus nach Hause kommt, aber noch nicht wirklich zurück ist, weil er umgehend wieder zu einem radikalen Anderswo aufbrechen muss, kehrt Aeneas, als er an einen solchen unbekannten Ort, Italien, gelangt, zu seinen Ursprüngen zurück:

> Ich bin der ehrfürchtige (*pius*) Aeneas; ich führe die dem Feind entrissenen Penaten auf meinem Schiff mit mir, mein Name ist in himmlischen Höhen bekannt. Ich bin auf der Suche nach Italien, dem Land meiner Väter, und stamme vom allerhöchsten Iuppiter.[10]

Dieses erzwungene, rastlose Exil ist also seinerseits nichts anderes als eine Art von Heimkehr. Das Exil ist eine Rückkehr zu den Ursprüngen, denn Herkunft ist nicht das, wofür sie gehalten wird. Im Traum treten die phrygischen Penaten, Götter der Väter und der Heimat, ganz deutlich in Erscheinung:

> Es gibt eine Gegend, Hesperien nennen sie die Griechen, uraltes Land, stark durch seine Waffen und die Fruchtbarkeit seines Bodens; Oenotrier bewohnten es einst; jetzt heißt es,

> die Späteren hätten das Land nach dem Namen ihres Anführers Italien genannt. Da haben wir unseren angestammten Wohnsitz, von da stammen Dardanus und Vater Iasius, auf den sich unser Volk zurückführt.[11]

Also muss der Italiener Dardanus das dardanische Troja gegründet haben, aus dem jener Aeneas stammt, den das Exil jetzt in sein Heimatland zurückbringt: Hesperien/Italien, je nach Blickwinkel. Und doch erfüllt Aeneas als Fremder, *externus*,[12] das Orakel von Faunus, dem Vater von König Latinus, und muss er als Schwiegersohn den Vorzug vor dem Italiener Turnus erhalten – jenem Turnus freilich, diese Komplikation möge man mir nachsehen, über den Amata, die Frau von Latinus und Mutter der Braut, behaupten kann, dass er als König eines unabhängigen Landes bereits *externus* sei und seine Vorfahren ohnehin aus Mykene kämen.[13] Es ist in der Tat nicht leicht, der Erzählung der *Aeneis* zu folgen: Sie ist nicht so bekannt und durch ihre Umkehrungen erhöht sie den Schwierigkeitsgrad der *Odyssee* noch. Doch ihre Komplexität hat tiefe, gewichtige und stichhaltige Gründe, die Roms Einzigartigkeit und Ruhm ausmachen. Drinnen/draußen: Der exilierte Gründervater mag ein Fremder sein, aber er stammt von hier! Weiß man umgekehrt überhaupt jemals, woher der Nachbar wirklich kommt? Schon bei der Nostalgie der Schweizer ließ sich erahnen, dass Herkunft auf solchen listigen Umwegen eine Frage der Gewohnheit ist; obwohl sie angeblich zweifelsfrei über Ursprung und ethnische Zugehörigkeit Auskunft erteilt, entlarvt sie sich immer wieder selbst als *ein*, im Hier und Jetzt erforderlicher Standpunkt, und zwar unabhängig davon, ob es darum geht, eine Ideologie durchzusetzen oder eine andere zurechtzurücken. Auf diese Weise erfährt man, wenn man Herodot liest, dass die Pelasger – die Athener waren nun einmal ein pelasgisches Volk – nicht Griechisch, sondern eine barbarische Sprache gesprochen haben, sodass man vielleicht noch einmal neu über das Barbarentum nachdenken sollte. Und bei der Lektüre von Dionysius von Halikarnass wird einem klar, dass die Römer eine griechische Kolonie waren und eine Mischsprache sprachen, die man weder als ganz barbarisch noch als richtig griechisch bezeichnen könne …[14] Herkunft lässt einen Tanz auf allen Hochzeiten zu.

Zu Latinern machen?

Letztendlich geht es in der *Aeneis* und bei der Gründung von Rom denn auch um Sprache.

Cano, heißt es bei Vergil, und dieses »Von Krieg *singe ich* und dem Helden«, anstelle des *moi ennepe Mousa*, »*nenne mir*, Muse, den vielgewandten [Mann], der gar viel umgetrieben wurde« zum Auftakt der *Odyssee*, bedeutet, wie Florence Dupont zu Recht anmerkt, »[i]ch schreibe homerische Dichtung in lateinischer Sprache«.[15] Damit Juno Aeneas, den Troer, der seine Heimat auf seinem Rücken mitnimmt, in Ruhe lässt und ihm endlich gestattet, seine Irrfahrt zu beenden, muss Jupiter an einem einzigen, aber entscheidenden Punkt nachgeben: Aeneas darf nicht mehr Griechisch sprechen, sondern nur noch Lateinisch, also die Sprache, die von den Bewohnern des Ortes gesprochen wird, an dem er sich niederlässt. Das Exil verlangt die Aufgabe der Muttersprache. Land der Väter, Sprache der Mütter: Durch die Sprache des Anderen schafft man sich eine neue Heimat.

Was durch das Exil deutlich wird, ist das »plus d'une langue«, »mehr als eine Sprache/nichts mehr, was einer Sprache angehört«: Die Anführungszeichen sollen anzeigen, dass diese Aufforderung bzw. Feststellung, denn es handelt sich um beides zugleich, ein Zitat von Jacques

Derrida ist; in seinen Augen handelt es sich sogar um die Definition dessen, was er als »Dekonstruktion« bezeichnet.[16] Jacques Derridas Dekonstruktion seiner eigenen Position, die sich auf seine Erfahrungen als junger »Pied-Noir« stützt, der in Algerien als »Wahlfach Fremdsprache« Arabischunterricht erhält, äußert sich in einer ebenso banalen wie in sich widersprüchlichen Aporie, die schon im Titel von *Die Einsprachigkeit des Anderen* anklingt:

> Man spricht immer nur eine einzige Sprache [...].
> Man spricht nie eine einzige Sprache.[17]

Der Übergang von der Nostalgie zum Exil, von Odysseus zu Aeneas, ist ein Übergang vom Griechischen als *logos*, als universelle Sprache-Rede-Vernunft, wie jene Griechen sie verstanden, die Momigliano (in meinen Augen mit einem natürlichen Epitheton) als »stolze Einsprachige« bezeichnet, zum Lateinischen als zweiter Sprache – als Sprache jener Römer, die gar nicht umhinkönnen zu wissen, dass es mindestens zwei Sprachen gibt; vom *logos* geht man zu Sprachen und zur Übersetzung über.

Daran wird deutlich, wie Universalität durch Politik (oder das Politische) zu einer komplexen Angelegenheit wird. Es gibt nämlich zwei Arten von Einsprachigkeit. In extremer Überzeichnung versteht sich die griechische als autochthone (wörtlich: »auf diesem Boden geborene«) Einsprachigkeit. Der *logos* fungiert als universeller und unhinterfragbarer Wert, aus dem sich ein klarer Gegensatz von Griechentum und Barbarentum ableiten lässt, der so roh ist, dass er durchaus selbst reines Barbarentum sein könnte. In Platons *Menexenos* verkörpert Aspasia, die Perikles liebt und Ratschläge erteilt, eine Karikatur dieser Position. Sie vertritt Ansichten, die an den Front National erinnern: »So ist denn der edle und freiheitliche Grundzug unseres Staates und sein naturgemäßer Barbarenhaß (*physei miso barbaron*) unerschüttert und gesund geblieben, denn wir sind reine Hellenen und ohne Zusatz von Barbarentum, denn wir haben keine Familien unter uns als Mitbürger wie die eines Pelops, Kadmos, Ägyptos oder Danaos oder vieler andern, die ihrer Abstammung nach Barbaren, und nur dem Gesetze nach Hellenen sind, sondern wir sind recht eigentliche Hellenen, nicht Barbarenmischlinge (*autoi Hellenes, ou meixobarbaroi*), und das ist der Grund, daß sich unserer Stadt der Haß gegen fremde Abstammung (*katharon to misos [...] tes allotrias physeos*) eingeprägt hat.«[18] Griechen wie zum Beispiel Isokrates oder Antiphon haben selbst auf diese Gefahr hingewiesen, aber sie bleibt bestehen.

Die andere, die lateinische Form von Einsprachigkeit zielt auf so etwas wie eine Politik der Einsprachigkeit mit »inbegriffene[r] Andersartigkeit« ab, um Florence Duponts Ausdrucksweise aufzugreifen,[19] die Vermischungen offen gegenübersteht.

In der diesbezüglichen Schlüsselstelle ganz am Ende der *Aeneis* kommt die Art und Weise zum Ausdruck, wie Juno nachgibt, aber gleichzeitig gewinnt. Der Wortwechsel der göttlichen Ehepartner lautet folgendermaßen:

»Nun weiche ich und verlasse voll Abscheu den Kampf. Um dies eine, das durch keine Bestimmung des Fatums gebunden ist, bitte ich flehentlich für Latium und die Größe der Deinen: Wenn sie nun den Frieden mit glücklichen Ehen besiegeln (so sei's), wenn sie nun unter gemeinsamen Gesetzen ihren Bund schließen, *so befiel nicht, dass die einheimischen Latiner ihren Namen wechseln* (*nomen mutare Latinos*), dass sie Troer werden und Teucrer genannt *oder die Menschen ihre Sprache wechseln* (*aut vocem mutare viros*) oder die Tracht ändern. Garantiert sei Latiums Bestand, seien über Jahrhunderte hin albanische Könige, sei ein Römergeschlecht, mächtig durch italische Tüchtigkeit: Untergegangen ist Troia, und lass es untergegangen sein samt seinem Namen.« Ihr antwortet lächelnd der Schöpfer der Menschen und Dinge: »Du bist wirklich die Schwester Iuppiters und das zweite Kind des Saturnus, so große Wogen des Grolls wälzt du in deinem Herzen! Genug damit, beschwichtige nun dein vergeblich begonnenes Wüten: Ich erfülle deine Wünsche und gebe mich gern geschlagen. Ihre Muttersprache und Gebräuche werden die Ausonier[20] behalten (*sermonem Ausonii patrium*), und ihr Name bleibt, wie er ist; nur leiblich mit ihnen vermischt, werden die Teucrer fortdauern. Brauch und Satzung des Kults werde ich beitragen *und sie alle unter einer Sprache zu Latinern machen* (*faciamque omnis uno ore Latinos*). Daraus wird ein Geschlecht aufgehen, das mit Ausonierblut vermischt ist: Du wirst sehen, dass es die Menschen, die Götter an Frömmigkeit übertrifft, und kein einziges Volk wird deine heiligen Feste vergleichbar feiern.« Diesen Worten stimmte Iuno zu und wandelte frohgemut ihren Sinn.[21]

Der Zweck des Exils, von Niederlassung und Gründung, ist eine gewollte und glückliche Vermischung: Die ankommenden Troer vermischen sich »leiblich«

mit den Ausoniern, angefangen mit Aeneas und Lavinia. Wie immer und wie in der tatsächlichen Politik zumindest von Alexander dem Großen und seinen Diadochen bis zu Napoleon und seinen Marschällen, stellt die Heirat des exilierten Helden/Eroberers mit der Tochter des Anführers das Bündnis sicher. Vermischung ist eine, ja sogar die Bedingung des Friedens; das Geschlecht erneuert sich, wie bei einem guten Züchter, Familien werden gegründet. Dabei wird Sprache zum Identitätskriterium. Zunächst die Eigennamen, der Name des Volkes, der Name der Orte, alle Eponyme, die Zugehörigkeit signalisieren: »befiel nicht, dass die [...] Latiner ihren Namen wechseln«, bittet Juno; »ihr Name bleibt, wie er ist«, entgegnet Jupiter lächelnd. Romulus wird »den Stamm [von Aeneas] fortführen«, er wird die Stadt des Mars gründen und den Römern seinen Namen geben – so ist es nach Jupiters großem Plan von Anfang an »beschlossen« (I, 254-296). Hauptanliegen ist die Sprache insgesamt: *Faciam uno [...] ore Latinos*, »ich werde sie alle unter einer Sprache zu Latinern machen«. Juno gewinnt, weil das Griechisch der Troer kein Bürgerrecht mehr sein wird; als politische Sprache verschwindet es zugunsten des Latein der *Aeneis* von Vergil und des Reiches von Augustus.

Der Dichter kann zwar im geeigneten Moment behaupten, dass »das besiegte Griechenland durch seiner Künste Reiz den rohen Sieger bezauberte«: Die griechische Sprache war nämlich durchaus für alle Römer die Sprache der Kultur.[22] Doch es ist ganz eindeutig trotzdem ganz allein die lateinische Sprache, die für Roms

Einheit sorgt und den römischen Frieden zum Ausdruck bringt. Die Verwendung der lateinischen Sprache ist für die Römer »ein identitätsstiftendes Prinzip«, schreibt Florence Dupont: Sie verbreiten sie als ein anderes Griechisch, »eine andere [...] Sprache der Zivilisation«, die Sprache einer neuen Zivilisation.[23]

»Inbegriffene Andersartigkeit«: Wir sind alle Exilanten

Mit Rom nehmen Heimat und Ursprung bzw. Herkunft nämlich eine leicht andere Bedeutung an. Die Römer verbreiten ihre Sprache, sie ist die Sprache des »Bürgerrechts« und der Religion, aber sie identifizieren sich nicht mit ihr – sie ist denn auch »nicht nach ihnen benannt [...]: Die Römer sprechen lateinisch, nicht römisch!« Mit Rom vollzieht sich ein Wandel in Bezug auf die Herkunft. Florence Dupont führt die Wichtigkeit des merkwürdigen *origo*-Rituals in den Albaner Bergen sehr gut vor Augen, dreier jedes Jahr von der politischen Elite der Stadt feierlich begangenen Rituale: Opfer an die Penaten von Rom bis Lavinium, Feier der *Feriae Latinae* und Erneuerung des Vertrages, der Rom mit Lavinium, also mit jener »Phantomstadt« verbindet, die Aeneas in der *Aeneis* gegründet hat. Eine solche rechtliche Fiktion ist konstitutiv für die römische Bürgerschaft und sie wird »zum Modell für ein Verständnis von Rom [...], das die Stadt als prinzipiell für Fremde offene begreift«, mit Aeneas als erstem Fremden. Denn der italienische Troer Aeneas gründet Lavinium nach dem Namen seiner Frau, nicht aber Rom. Die Stadt Rom wird erst zwei Generationen später von Romulus gegründet, mit Alba Longa dazwischen. Deshalb sind die symbolisch aus Lavinium stammenden Römer schon immer auch Fremde gewesen. In dem Bewusstsein, dass Herkunft eine Fiktion ist – Lacan schlägt vor, Fiktion »Fixion« zu schreiben, damit man mitliest, dass es sich um eine Erfindung und nicht um eine Gegebenheit handelt, um eine Fiktion, die man im Sinne einer Festlegung fixiert –, tritt Etymologie an die Stelle der Genealogie, und Vermischung ist selbstverständlich.

So wird Rom zum Paradigma »inbegriffene[r] Andersartigkeit«; diese bewirkt, dass jeder römische Bürger mindestens zwei Vaterländer haben kann: ein natürliches an seinem Geburtsort und ein rechtliches, das ihm die *civitas* verleiht. Cicero legt das Marcus mit aller Deutlichkeit in den Mund:[24]

> Ich meine tatsächlich [...], daß [...] alle Bürger aus Landstädten eine doppelte Heimat (*patrias*) haben: eine natürliche und eine politische. Wie jener Cato, nachdem er in Tusculum geboren war, in die politische Gemeinschaft des römischen Volkes aufgenommen wurde, und weil er daher seiner Herkunft nach ein Tusculaner, seiner politischen Gemeinschaft nach ein Römer war, besaß er einerseits die Heimat des Geburtsortes und andererseits die Heimat des gemeinsamen Rechts.

Das ändert nichts an der Einzigartigkeit der *Urbs* Rom. Dass Rom unabhängig davon, wo sie geboren wurden, die Heimat von allen ist, macht sogar seine Einzigartigkeit aus, und deshalb ist das Exil und das mit ihm einhergehende Heimweh nach Rom eine Strafe, die schlimmer ist als der Tod. So schreibt der von Kaiser Claudius *ad insulam*, auf jenes wilde Korsika – genau neben meinem »Zuhause« –, verbannte Seneca: »Wo kann man sonst ein Gelände finden, so nackt, ringsum so steil ansteigend wie dieses Felsgebilde? Was gäbe es Armseligeres in bezug auf Lebensmittel? Was Unwirtlicheres für Menschen? Was Unerfreulicheres in bezug auf das Landschaftsbild? Was Unregelmäßigeres in bezug auf das Klima?«[25] Indem er seine Mutter tröstet, tröstet er sich als guter Stoiker gleichzeitig selbst, »wie auf dem Throne so in den Fesseln« frei, meinte Hegel, stets in seinem Geist zuhause: »Der Geist ist es, der reich macht. Er begleitet uns in die Verbannung, und [...] in [die] rauhesten Einöden«,[26] sodass wir alle überall zuhause sind. Doch gleichzeitig hat die Trostbekundung einen historischen und römischen Einschlag, sie verweist auf Aeneas, den ersten Exilanten: »Ehrt ja das römische Reich als seinen Stifter einen Verbannten, den nach dem Fall seiner Vaterstadt die Not und die Furcht vor dem Sieger als weit umher irrenden Flüchtling mit dem geringen Rest seiner Mannschaft nach Italien verschlug.«[27] Migrationen, Emigrationen, Eroberungen, kein Teil der Menschheit ist an seinem Heimatort geblieben: »Alle jene Umsiedlungen und Wanderungen der Völker, was sind sie anders als Massenverbannungen?«[28] Wir sind alle Exilanten!

Ovid wiederum, den Kaiser Augustus zu den Skythen verbannte, unterstreicht an der äußersten Grenze des Schwarzen Meeres, wo Barbaren zu erwarten sind, besonders deutlich, was mit der Sprache auf dem Spiel steht. Ohne seine Bücher, ohne Rom ist Zivilisation ihm sozusagen verboten. Er hat Angst, die lateinische Sprache zu vergessen. »Hier ist kein Buch, hier ist keiner, der mir Gehör leiht und wüßte, was meine Worte bedeuten. Jeder Ort ist voll Furcht vor barbarischen und tierischen Stimmen, voll Furcht vor Kriegslärm. Mir selbst kommt es vor, ich hätte mein Latein verlernt, denn ich habe Getisch und Sarmatisch gelernt.«[29] Mehr denn je ist Nostalgie hier die Sehnsucht, in die Heimat zurückzukehren, aus der die Götter und der göttliche Kaiser, der sie repräsentiert und ihr Statthalter ist – »göttlich« in einem ganz anderen Sinn als beim göttlichen Odysseus –, ihn vertrieben haben, um ihn zu bestrafen, und allein dessen Vergebung ließe ihn den Tag der Heimkehr erreichen. Wie es scheint, gibt es nun aber anderswo für ihn nichts zu lernen, denn alles ist dort, wo er nicht mehr ist. Er kann bloß erschütternde *Tristia* schreiben und das Buch als Boten vorausschicken.[30]

Insgesamt zwei einzigartige Sprachen: die unvergessliche griechische und das kaiserliche Latein – zwei Arten von Hegemonie: kulturell und politisch. Und dann noch all die anderen, denen lediglich zugestanden wird, »*idiotes*«, das heißt apolitisch und barbarisch, also kulturlos zu sein, und die zuhause, an ihrem Ursprungsort, gesprochen werden. Offenkundig muss man heute in Abgrenzung von oder in Übereinstimmung mit dieser Grundlage über Sprachpolitik nachdenken, ob es sich dabei nun um die elf Nationalsprachen handelt, die in der Verfassung von Südafrika stehen, um die Hebräischpflicht in Israel, darum, dass man Französisch sprechen muss, um Franzose zu werden, oder aber um *Globish*, jenes *Global English*, das im Zuge der derzeit stattfindenden Globalisierung in aller Welt als Herrschafts- und/oder Dienstleistungssprache fungiert.

Als Folge des Exils von Aeneas verpflichten uns der doppelte Ursprung von Rom, die mindestens zwei Sprachen, dazu, das Verhältnis von Sprache und Volk anders zu konstruieren; Nostalgie wird dadurch noch komplizierter. Dies soll im Folgenden mein Ausgangspunkt sein.

ARENDT: WENN SPRACHE ZUR HEIMAT WIRD

»Das Europa der Vorhitlerzeit? Ich habe keine Sehnsucht, das kann ich nicht sagen. Was ist geblieben? Geblieben ist die Sprache.«
Hannah Arendt, Gespräch mit Günter Gaus

Identitätszuschreibung: Politisches Prädikat, kein Wesen

Aeneas wird kein Griechisch mehr sprechen, sondern Lateinisch. Kennzeichnend für das Exil ist das gewandelte Verhältnis zur Sprache: Das Exil denaturalisiert die Muttersprache. Aeneas spricht nicht mehr den *logos* wie Odysseus, sondern eine Sprache von vielen. Und wenn man sich in einer anderen »Heimat« niederlässt, wird man »naturalisiert«. Hannah Arendt hat dieses Verhältnis zur Sprache, Kultur und Heimat von Kindheit an erlebt und mit größter Deutlichkeit in einer ganzen Reihe von Texten, Briefen und Interviews thematisiert, die ihr Exil seit ihrer Flucht aus Deutschland im Jahr 1933, ihrem Aufenthalt als Flüchtling in Frankreich und dann, über Lissabon, ihrer Ankunft in den Vereinigten Staaten im Mai 1941 als Staatenlose bis zu ihrer »Naturalisierung« als amerikanische Staatsbürgerin zehn Jahre später im Jahr 1951 begleitet haben. In einem Interview für das deutsche Fernsehen, das im Jahr 1964 ausgestrahlt wurde, fragt Günter Gaus sie, ob das Europa der Vorhitlerzeit, die Raum-Zeit ihrer Geburt, ihr fehle. Sie antwortet: »Das Europa der Vorhitlerzeit? Ich habe keine Sehnsucht, das kann ich nicht sagen. Was ist geblieben? Geblieben ist die Sprache.«[1]

Die Muttersprache und nicht das Land ihrer Väter ist

ihre Heimat: Anstelle der Bereitschaft, für die Gründung Roms Lateinisch zu sprechen, ist die Widerständigkeit des Deutschen in New York das, was Heimat ausmacht. Gleichzeitig lernen wir von Arendt, Sprache und Volk radikaler voneinander zu lösen. Die deutsche Sprache und das deutsche Volk sind weder identisch noch in irgendeiner Hinsicht deckungsgleich, vor allem nicht politisch. Nach den Schrecken des Krieges kommt ein anderes Verständnis von Heimat auf. Eine trotz allem eher römische als griechische oder, um es mit Hilfe einer zeitgenössischen philosophischen Unterteilung auszudrücken, eher arendtianische als heideggerianische und ohne jeden Zweifel politisch aktuelle Vorstellung.

Der Unterscheidung von Muttersprache und dem Land der Väter hängt mit der großen Vorsicht zusammen, mit der jede Identitätszuschreibung und vor allem die Zuschreibung »jüdisch« verbunden sein muss. Wie wir seit Odysseus wissen, nehmen Identitätszuschreibungen in jeder Odyssee eine erzählerische Form an. Arendt hat behauptet, als Kind hätte sie nicht gewusst, dass sie Jüdin war. »Es [das Wort Jude] wurde mir zum erstenmal entgegengebracht durch antisemitische Bemerkungen – es lohnt sich nicht zu erzählen – von Kindern auf der Straße.«[2] Aus persönlicher Erfahrung glaube ich, dass es sich mit dem Jüdischsein so verhält wie mit dem Frausein: Es muss einem zumindest auch gesagt werden, jemand muss es einen spüren lassen. Es handelt sich nicht um eine direkte Identität, sondern um die gespiegelte Zuschreibung einer Differenz. Arendts Besonnenheit, die sie von ihrer Mutter hat, die natürlich Jüdin war, aber als Sozialistin auch eine treue Anhängerin von Rosa Luxemburg, beruht auf einem Satz, den sie selbst formuliert hat: »Wenn man als Jude angegriffen ist, muß man sich als Jude verteidigen.«[3] – Sowohl als Jüdin als auch als Frau würde ich das auch sagen, und ich sehe darin durchaus ein Zeichen der Besonnenheit, die von der Mutter an die Tochter weitergegeben wird.

Wie Arendt unterstreicht, ist es allerdings auch wichtig sich klarzumachen, dass diese Reaktion politisch ist, »rein politisch«. Es geht um keine Wesensbestimmung, um keine Naturalisierung, um keine Substanz, sondern um ein reines Prädikat – weshalb übrigens meiner Meinung ein Vergleich mit dem »sozialen Geschlecht« stichhaltig ist.[4] Wir haben es hier mit dem für die Philosophie von Aristoteles' »Sein als Sein« über Kant bis Heidegger so charakteristischen »als« zu tun, dessen Bedeutung umschlägt und politisch wird. Es ist verständlich, dass Arendt sich dagegen verwahrt, als »Philosophin« noch dazu mit einem Oxymoron von Platon bis Heidegger als Spezialistin für »politische Philosophie« bezeichnet zu werden …[5]

Eine solche Denkweise über jüdische Identität dient Hannah Arendt als Denkmodell für ihre deutsche Identität. »Ich […] glaube nicht, daß ich mich je als Deutsche – im Sinne der Volkszugehörigkeit, nicht der Staatsangehörigkeit, wenn ich mal den Unterschied machen darf – betrachtet habe.«[6] Gerade dass sie sich im Sinne der Zugehörigkeit zum jüdischen Volk ebenso wenig als Jüdin wie als Deutsche empfunden hat, ist ihr häufig angekreidet worden, besonders von Gershom Scholem. Scholem wirft ihr vor, in *Eichmann in Jerusalem* nicht genügend Liebe für das jüdische Volk an den Tag gelegt zu haben, und schreibt ihr: »[I]ch betrachte Sie durchaus als Angehoerige dieses Volkes und als nichts anderes.« Darauf entgegnet sie: »Tatsache ist, dass ich nicht nur niemals so getan habe, als sei ich etwas anderes als ich bin, ich habe niemals auch nur die Versuchung dazu verspürt. Es wäre mir vorgekommen wie zu sagen, dass ich ein Mann sei und nicht eine Frau.« Jüdischsein, Frausein »gehört für mich zu den unbezweifelbaren Gegebenheiten meines Lebens, [...] *physei* und nicht nomoi«, »das, was ist, wie es ist, gegeben und nicht gemacht«.[7] Doch setzt sie ihren Brief mit einer scharfen Unterscheidung von Liebe und Politik fort: »Sie haben völlig recht [...], *[ich] habe [...] nie in meinem Leben irgendein Volk oder Kollektiv ›geliebt‹*, weder das deutsche noch das französische, noch das amerikanische, noch etwa die Arbeiterklasse oder sonstwas in dieser Preislage. Ich liebe in der Tat nur meine Freunde und bin zu aller anderen Liebe völlig unfähig.«[8] Und als Gaus einen Teil dieses Selbstzeugnisses erwähnt, bekräftigt sie ihre Aussage noch einmal mit Nachdruck, indem sie zwei Arten von Zugehörigkeit unterscheidet, die, eben weil sie nicht verwechselt werden dürfen, Bedingung von Freiheit seien. Die Zugehörigkeit zu einer Gruppe »ist erst einmal eine natürliche Gegebenheit. Sie gehören zu irgendeiner Gruppe durch Geburt«, wiederholt sie. Dort seien Liebe und Freundschaft an ihrem Platz. Doch sei es ein verhängnisvoller Fehler, wenn man dies mit der Zugehörigkeit zu einer Gruppe »im zweiten Sinne« verwechsle, mit der Zugehörigkeit zu einer organisierten, politischen Gruppe, deren Weltbezug gemeinsame Interessen verfolge. In diesem Zusammenhang Liebe aufs Tapet zu bringen, sei »apolitisch« und »weltlos«.[9]

Doch worin besteht dann die jüdische Identität? Als persönliches Prädikat betrachtet, ist es zunächst einmal richtig, sich ihr zu entziehen. Sie nicht zu verleugnen und sie nicht zu negieren, so wie »alle jene jüdischen oder nichtjüdischen Antifaschisten, die glauben, dass man Juden etwas Gutes damit erweist, dass man sie aus der Welt debattiert«,[10] sondern sich ihr zu entziehen, wovon die Lage dessen zeugt, den Arendt als »bewussten Paria« bezeichnet.[11] Wie sie bleibt er außerhalb, außerhalb der Institutionen und außerhalb der *doxa* – wie sie und vor allem wie sie und ihre Mutter, das »Außerhalb-aller-gesellschaftlichen-Bindungen-Stehen« nennt sie es Gaus gegenüber.[12] »Sozialer Nonkonformismus ist das *sine qua non* großer intellektueller Leistungen.«[13] Elisabeth Young-Bruehl schildert, dass sie sich aus Situationen, in denen Folgsamkeit gefragt war, mit einem »*This place* ist nicht für meiner Mutter Tochter« befreite, also durch einen Hechtsprung zurück in ihre Heimatsprache (»Das hier«, *this place*, auf Englisch, und »ist nicht für meiner Mutter Tochter« auf Deutsch). Außerhalb also, das heißt auch außerhalb der jüdischen Gesellschaft und außerhalb von Israel, immer, wenn es notwendig, mit anderen Worten politisch notwendig war.[14]

Ihr eigenes Wesen, wenn es denn ein Wesen gibt, ist die Philosophie: »Irgendwie war es für mich die Frage: Entweder kann ich Philosophie studieren oder ich gehe ins Wasser sozusagen.«[15] Aber eine vom »Kreis der Philosophen« weit entfernte Philosophie, die sie Gaus gegenüber mit einem eigenen Namen als »politische Theorie« bezeichnet.

Philosophie, Politik und Muttersprache: Erfindungsreichtum und Klischee

Was aber bedeuten Exil und Nostalgie denn nun für eine Philosophin dieser Art? Diese Frage berührt die Definition von Philosophie in ihrem Verhältnis zur Sprache. Arendts Exil betrifft weniger ihr Heimatland, Deutschland, als vielmehr eine Sprache, das Deutsche. Das sagt und wiederholt sie mit größter Deutlichkeit in dem Gespräch mit Gaus. Unterstreichen wir deshalb noch einmal ihre scharfe Unterscheidung von Muttersprache und Vaterland, jenem Deutschland »der Vorhitlerzeit«, über das Günter Gaus sie fragt, ob es ihr fehle. Sie antwortet, indem sie, wie er, die Frage auf Europa ausweitet: »Das Europa der Vorhitlerzeit? Ich habe keine Sehnsucht, das kann ich nicht sagen. Was ist geblieben? *Geblieben ist die Sprache*.« Ich hebe diesen Satz besonders hervor, der für das Gespräch titelgebend wurde: »Was bleibt? Es bleibt die Muttersprache«. Wie wir gesehen haben, hat Arendt kurz vorher klargestellt, dass sie sich nie »als Deutsche – im Sinne der Volkszugehörigkeit, nicht der Staatsangehörigkeit, [...] betrachtet habe«: weder Volk noch Vaterland, sondern einfache Nationalität, die sie im Übrigen ohnehin gewechselt hat. Was immer zählt, auf ewig – immer*, wiederholt Derrida[16] –, ist also nichts von alledem: Was zählt, ist die Sprache.

> Es ist ein ungeheurer Unterschied zwischen Muttersprache und einer andern Sprache. Bei mir kann ich das furchtbar einfach sagen: Im Deutschen kenne ich einen ziemlich großen Teil deutscher Gedichte auswendig. Die bewegen sich da immer irgendwie im Hinterkopf – *in the back of my mind* –; das ist natürlich nie wieder zu erreichen.[17]

Darin besteht ihr unerschütterliches Gefühl, und es reicht aus, um von den 1940er Jahren bis an ihr Lebensende Exil zu definieren. Wir Flüchtlinge, schreibt sie 1943, »haben unser Zuhause verloren«, die Vertrautheit unseres Alltagslebens. »Wir haben unseren Beruf verloren«, die Zuversicht, in dieser Welt irgendwie von Nutzen zu sein, vor allem aber »haben [wir] unsere [Mutter-]Sprache verloren und mit ihr die Ursprünglichkeit der Reaktionen, die Einfachheit der Gebärden und den ungezwungenen Ausdruck von Gefühlen«.[18] Hannah, wenn sie »Ach!«* sagt. (»Und diese Fähigkeit, sich ergreifen und innerlich bewegen zu lassen – oft auffahrend und mit geweiteten Augen: ›Ach!‹ [...] sonderte sie von uns anderen ab wie eine hohe elektrische Ladung.«[19]) Und noch fast 25 Jahre später, als eine seit mehr als 15 Jahren Vorträge haltende amerikanische Professorin wiederholt sie: »Sie wissen, ich habe vor nunmehr 34 Jahren Deutschland verlassen müssen; die Muttersprache ist das einzige, was man aus der alten Heimat mitnehmen kann, und ich habe mir immer große Mühe gegeben, die einzige Unersetzbare intakt und lebendig zu bewahren.«[20]

Ebendadurch wird die Lage der Flüchtlinge so unerträglich, die die guten Ratschläge ihrer Retter (heute: die Anforderungen des Aufnahmelandes) befolgen müssen – und wenn es sich nicht so verhält, ist das ein sehr schlechtes Zeichen: »Man sagte uns, wir sollten vergessen; und wir vergaßen schneller, als es sich irgend jemand vorstellen konnte. [...] nach vier Wochen in Frankreich oder sechs Wochen in Amerika taten wir bereits so, als ob wir Franzosen oder Amerikaner seien«, schreibt sie 1943.[21] Wir Flüchtlinge tun uns schwer, unsere einstige Tätigkeit oder unseren sozialen Status zu vergessen, aber »[m]it der Sprache [...] haben wir keine Schwierigkeiten: Die Optimisten sind schon nach einem Jahr bereits der festen Überzeugung, sie sprächen Englisch so gut wie ihre Muttersprache; und nach zwei Jahren schwören sie feierlich, dass sie Englisch besser beherrschten als irgendeine andere Sprache – an ihr Deutsch erinnern sie sich kaum noch.« In dem Gespräch mit Gaus kommt sie darauf zurück: »Ich habe immer bewußt abgelehnt, die Muttersprache zu verlieren. Ich habe immer eine gewisse Distanz behalten sowohl zum Französischen, das ich damals sehr gut sprach, als auch zum Englischen, das ich ja heute schreibe.« Man muss Hannah Arendt »mit einem sehr starken Akzent« und »oft nicht idiomatisch« Englisch sprechen hören, man muss ihre englischen Texte übersetzen, um zu verstehen, wie sehr sie vom Klang über den Rhythmus bis hin zur Syntax allein die deutsche Sprache kultiviert (*colere*, das Verb, das für den Ackerbau, den Geist und die Götter gilt). Ihr erster Mann Günther Anders spricht von einem »Stammeldasein« der »nicht nur von Land zu Land [...], sondern auch von Sprache zu Sprache« verschlagenen Exilanten – »Stammler sind viele von uns auch wirklich geworden, Stammler sogar in beiden Sprachen«. Und möglicherweise hat er auch an Hannah gedacht, als er die erwähnt, die diese Gefahr erkannten und »sich fanatisch in die ihnen hüben und drüben mißgönnte Muttersprache hineinwarfen [...], weil sie das einzige unraubbare Gut war, das einzige Stück Zuhause, das sie [...] noch beherrschten«.[22]

Was macht eine Sprache nun aber zur »Muttersprache«? Wahrscheinlich ihr Erfindungsreichtum. Dichtung, dieses Erschaffen (mit) der Sprache, ist ein natürlicher Bestandteil der Muttersprache. Jeder Sprecher ist ein Verfasser seiner Sprache und in seiner Sprache – »er ist ihr Organ und sie ist seines«, heißt es völlig zu Recht bei Schleiermacher[23] –, sodass er sie nicht als *ergon* umsetzt, durchführt und weiterentwickelt, sondern als *energeia* erzeugt, anstatt sich ihrer wie eines geschlossenen Ganzen zu bedienen. Arendt unterstreicht: »Im Deutschen erlaube ich mir Dinge, die ich mir im Englischen nicht erlauben würde.«[24]

Aus dieser Art, an der Muttersprache festzuhalten, spricht kein Widerstand aus Koketterie, sondern eine abgrundtiefe Angst, die meines Erachtens nur in Bezug auf Arendts Verständnis der Banalität des Bösen Sinn ergibt. Bei den Exilanten, die Fremdsprachen sehr viel besser sprechen als sie, hat man es ihrer Meinung nach mit einer Sprache zu tun, »in der ein Klischee das andere jagt«.[25] Die Produktivität, Erfindungsgabe und Autorität, die man in seiner eigenen Sprache unter Beweis stellt, seien »abgeschnitten« worden, als diese Sprache vergessen wurde. »Klischee« ist das Wort, bei dem wir an dieser Stelle einhalten müssen. Die Banalität des Bösen – auf die Eichmann spezialisiert ist – hängt nämlich mit der Banalität der Sprache zusammen, die wir sprechen. »Denn wie man sich ausdrückt, so wird man«, betont Anders.[26] Dabei darf das Klischee nicht mit dem gewöhnlichen Wortgebrauch, mit der Alltagssprache verwechselt werden, im Gegenteil: Jedes Wort der Alltagssprache ist voll von all den Assoziationen und Bedeutungen, die sich in ihm *in the back of the mind* abgelagert haben.[27] Arendt spricht von »Eichmanns heldenhafte[m] Kampf *mit der deutschen Sprache*, in dem er regelmäßig unterlag«: Er »entschuldigt sich: ›Amtssprache ist meine einzige Sprache.‹ Doch die Amtssprache war ebendeshalb seine Sprache geworden, weil er von Haus aus unfähig war, *einen einzigen Satz zu sagen, der kein Klischee war*.«[28] Über *»diese schaurige Begabung, sich mit Klischees zu trösten«*, lässt sie sich noch anlässlich des Wunsches nach »Versöhnung« aus, den Eichmann äußerte: »Jetzt aber, fuhr er fort, würde er gern ›mit [seinen] ehemaligen Gegnern Frieden schließen‹ – ein Wunsch, den er nicht nur mit Himmler teilte […], sondern unglaublicherweise auch mit vielen gewöhnlichen Deutschen, die bei Kriegsende den gleichen Satz wortwörtlich im Munde führten. Keine Sprachregelung und keine Propaganda hat den Deutschen dies *empörende Klischee* suggeriert; sie haben es selbst fabriziert [...] und *es besaß nicht mehr Wirklichkeitsgehalt als jene Klischees, die man dem Volk zwölf Jahre lang von oben verabreicht hatte*; es ließ sich förmlich mit Händen greifen, welch ›erhebendes Gefühl‹ die Leute beseelte, wenn sie so daherredeten.«[29]

Man kann also seine Muttersprache sehr wohl klischeehaft sprechen, das ist der Beweis! Wenn die Erfindungsgabe tatsächlich ein spezifisches, mit ihr deckungsgleiches Merkmal der »Muttersprache« ist, muss man logisch daraus schließen, dass die Sprache keine »Muttersprache« mehr ist, wenn mit ihr nichts mehr erfunden wird, ja dass sie für all jene politisch und menschlich blöden, vor Banalitäten starrenden Hörer und Sprecher, die keine reflexive oder kritische Urteilskraft besitzen, nicht einmal mehr wirklich »Sprache« ist. Die deutsche Sprache wäre für Exilanten weiterhin Muttersprache, für den Durchschnittsnazi aber nicht mehr. So sähe der Umkehrschluss aus der Entkopplung von Sprache und Volk aus, wenn man sie bis zum Äußersten treibt. Ohne Muttersprache, wenn die Muttersprache keine Sprache mehr ist, bleibt nur noch Propaganda. Und tatsächlich ist die Sprache wiederum deshalb eine politische Angelegenheit, weil man im Hinblick auf die Wörter, die man verwendet, eine Verantwortung hat, eine Verantwortung als Verfasser und nicht als Empfänger oder Überbringer einer Nachricht. Arendts gesamte Auffassung von Sprache wurzelt in der aristotelischen Definition des Menschen als *zoon logon echon*, also als Lebewesen, das Sprache besitzt und ebendeshalb »in weit höherem Maße […] ein politisches Lebewesen ist«, weil es über Sprache verfügt.[30] Allgemein gesprochen (und dabei handelt es sich um ein charakteristisches Thema der Sophistik, das uns weit von unserem Thema wegführen würde), beruht die politische Kraft der Sprache auf ihrer performativen Wirkung. Arendt unterstreicht diese antiaristotelische, antiphänomenologische und antiontologische Linie, die nicht mehr vom Sein oder Denken zur Sprache verläuft, sondern umgekehrt von der Sprache zum Denken und Sein: »Alles existiert für das Denken, wofür die Sprache ein Wort hat. Wofür die Sprache kein Wort hat, fällt aus dem Denken heraus. […] Es ist ein Irrtum zu glauben, dass eine sprachlich-gedachte Wirklichkeit weniger wirklich ist als eine erfahrene-ungedachte. Was den Menschen betrifft, so könnte das Gegenteil der Fall sein.«[31] Diese der Sprache als politischer Sprache innewohnende performative Kraft bewirkt, dass sich extreme Beeinträchtigungen allein durch extreme Wachsamkeit vermeiden lassen, da Folgsamkeit und Banalität des Bösen *inkognito* von den Klischees und von dem befördert werden, was man heute mit entsetzlicher Gelassenheit »sprachliche Elemente« nennt.

Die Frage, die sich so nicht mehr vermeiden lässt, betrifft das Verhältnis von Propaganda als fehlendem, auf einer Welle fehlenden Geschmacks reitendem Erfindungsreichtum – wobei Geschmack das politische Vermögen par excellence darstellt – und Massenkommunikation, ja sogar »Kommunikation« überhaupt. Wenn man dem Glauben schenkt, was Arendt schreibt, wäre ich geneigt zu sagen, dass folgsame Flüchtlinge *Globish* sprechen. Es kann vorkommen, dass man sich in seiner Muttersprache klischeehaft ausdrückt, Banalität des Bösen. Doch wie lässt sich vermeiden, dass man sich in einer Sprache klischeehaft ausdrückt, die nicht die eigene ist? Genau davor hat Arendt Angst und deshalb klammert sie sich an ihre Muttersprache. An dieser Stelle stoßen wir auf die »Kulturkrise«-Problematik. Massenkultur, Massenkommunikation: Wenn die allgemein gebräuchliche Sprache bloß noch *Globish* ist – im vorliegenden Fall *Global English* – und wenn es keinen Erfindungsreichtum, keinen Geschmack und keine Urteilskraft mehr gibt, ist sie schlicht und einfach keine Sprache mehr. Der British Council ist darüber denn auch so beunruhigt, dass er Untersuchung um Untersuchung durchführt, um die Einbußen der englischen Sprache an sprachlichem Gehalt auszuloten.

Heideggers Nostalgie und Arendts Nostalgie

Die Muttersprache lässt sich nicht nur deshalb mit keiner anderen Sprache vergleichen, weil sie die Sprache der Mutter ist und man nur eine Mutter hat, sondern weil sie durch eine unentwirrbare Verflechtung von Natur und Kultur unser Sein erschafft. Wie soll man eine Sprache »haben«, über sie verfügen, ohne ebendadurch zu »sein«, das heißt durch dieses Klangbad aus Signifikanten und Leben erschaffen zu werden, also ohne dass sie einen in dem Sinne »hat«, dass sie über einen verfügt? Wie soll man diesen Vorrang der Muttersprache gedanklich durchdringen, ohne sie sich gleichzeitig als den anderen Sprachen überlegenes Ingenium vorzustellen? Wie lässt sich das lästige Problem des »Ingeniums« von Sprachen umgehen? Bringt einem nicht die Heimat, das Vaterland, die Kultur, die Tradition, kurz das ganze Volk die Sprache bei? Schon Protagoras hat gesagt, dass es mehr als eine Amme gibt: Vom Lehrer, der den Kindern das Lesen beibringt, bis zum Gesetzgeber sind alle Ammen.[32] Mit dieser Auffassung von der absoluten Einzigartigkeit der Muttersprache landet man in Windeseile wieder mitten im griechischen *logos*, in einem Paradigma, das aus Singularität Universalität macht, sodass in ein und demselben Wort Rede, Sprache, Denken, Stil, Verstand und Verständlichkeit – *ratio und oratio* – miteinander verschwimmen. In unendlicher Rohheit und Grausamkeit stehen dafür das Begriffspaar *Hellenen/Barbaren* und stärker noch die Verben »hellenisieren/barbarisieren«: Die Griechen »hellenisieren« sich, allein durch die Lektüre von Homer erlernen sie die griechische Sprache, sie lernen, gut zu sprechen, richtig zu denken, kultiviert, zivilisiert, mit einem Wort: Menschen zu sein, und grenzen sich so von den »Barbaren« (von den »Ausländern«, sagen wir heute), das heißt von denjenigen ab, die man nicht versteht, die nicht Griechisch sprechen, die barbarische Dinge tun, die weder kultiviert noch zivilisiert sind, die nicht so sind wie wir, die keine Menschen sind …

Was bedeutet die Zugehörigkeit zu einem Volk anderes als eine solche Verflechtung von Sprache und Kultur? Wie, durch welche Kraft, lässt sich dieser Umschlag ins »Natürliche« verhindern?

An dieser Stelle muss man unbeirrbar an der Unterscheidung von Sprache und Volk festhalten, die Arendt vornimmt. Und außerdem sollte man sagen: Man wird nicht als Deutscher geboren, sondern wird dazu, und man wird das Problem genauso lösen wie Isokrates, in dessen Augen die Griechen die eigentlichen Barbaren sind, weil sie denken, dass *hellenizein* (das »Griechischsein«, der Hellenismus) ein Teil der Natur und nicht der Kultur sei.[33] Wenn die eigene Sprache zur einzigen Heimat wird, muss man ein genaues Verständnis davon entwickeln, was eine solche Distanz impliziert – mit anderen Worten muss man die Auswirkungen des Jüdischseins, des Seins »als Jüdin« ausloten.

Der Vergleich mit Heidegger, den Arendt meines Wissens an keiner Stelle direkt gezogen hat, sorgt auf ganzer Linie für Aufklärung. Ich komme diesbezüglich immer wieder auf einen Satz von Heidegger zurück, an dem anhand des Seinsdenkens die Folgen des Verschwimmens von Sprache und Volk karikaturhaft deutlich werden:

> [D]ie griechische Sprache [ist] philosophisch […], d. h. nicht: mit philosophischer Terminologie durchsetzt, sondern als Sprache und Sprachgestaltung philosophierend. Das gilt von jeder echten Sprache, freilich in je verschiedenem Grade. *Der Grad bemißt sich nach der Tiefe und Gewalt der Existenz des Volkes und Stammes, der die Sprache spricht und in ihr*

> *existiert.* Den entsprechenden tiefen und schöpferischen philosophischen Charakter wie die griechische hat nur noch unsere deutsche Sprache.[34]

Bei Heidegger ist es also die griechische Sprache und die im deutschen Volk wurzelnde deutsche Sprache, die griechischer ist als die griechische: ein »ontologischer Nationalismus« mithin vor dem Hintergrund deutscher Romantik.[35]

Insofern würde ich das, was man meines Erachtens als Kluft zwischen zwei Formen von Nostalgie bezeichnen muss, folgendermaßen ausbuchstabieren: Als geflohene politische Denkerin ist Arendt nostalgisch im Hinblick auf das Deutsche; ihr Exil betrifft eine Sprache von vielen. Als Philosoph ist Heidegger nostalgisch im Hinblick auf das Sein; sein Exil betrifft den *logos* oder besser gesagt die Sprache* (»die Sage«) als »Haus des Seins«. »In ihrer Behausung wohnt der Mensch.«[36] Wahrscheinlich müsste man subtiler oder philosophischer verfahren, als ich verfahre und verfahren möchte. Wir werden Heideggers Heimat hier nicht auf den nationalsozialistischen Nationalismus zurückführen, selbst wenn seine Frau Elfride, sein »liebes Seelchen«, kein deutlicheres Symbol und Symptom für diese Art von Vaterland abgeben könnte. Denn hier geht es ausdrücklich ums Sein, wie zum Beispiel im *Brief über den »Humanismus«*:

> Die Nähe ›des‹ Seins [...] wird [...] aus der Erfahrung der Seinsvergessenheit die ›Heimat‹ genannt. Dieses Wort wird hier in einem wesentlichen Sinne gedacht, nicht patriotisch, nicht nationalistisch, sondern seinsgeschichtlich. Das Wesen der Heimat ist aber zugleich in der Absicht genannt,

> die Heimatlosigkeit des neuzeitlichen Menschen aus dem Wesen der Geschichte des Seins her zu denken.[37]

Kurzum, und zwar mit dem »y«, das er zwischen 1933 und 1935 bei solchen Äußerungen für angebracht hielt: »*Das Vaterland ist das Seyn selbst.*«[38] Aus diesem Grund bezeichnet Heidegger Heimweh als »*Grundstimmung des Philosophierens*«. In seinen Vorlesungen im Wintersemester 1929/1930 zitiert er einen Satz von Novalis, der lautet: »Die Philosophie ist eigentlich Heimweh, ein Trieb, überall zu Hause zu sein«, und kommentiert ihn folgendermaßen: »Ein solcher Trieb kann Philosophie nur sein, wenn wir, die philosophieren, überall *nicht* zu Hause sind« – Heidegger sagt tatsächlich *nicht zu Hause**, als seien wir nirgends zu Hause.[39] »Eine merkwürdige Definition, romantisch natürlich«, fährt er fort, »Heimweh – gibt es dergleichen heute überhaupt noch?« »[Ü]berall zu Hause sein heißt: jederzeit und zumal *im Ganzen* sein. Dieses ›*im Ganzen*‹ und seine Gänze nennen wir die *Welt*.« In diese Welt, zu diesem »Sein im Ganzen« seien wir »in unserem Heimweh getrieben«, »unterwegs«. Wir seien selber dieser »Übergang«, dieses »Weder das Eine noch das Andere«: jene »Unruhe des *Nicht*«, fügt er hinzu, die wir »*Endlichkeit*« nennen. Auf diese Weise ist »Philosophie, Metaphysik […] ein Heimweh, ein Trieb, überall zu Hause zu sein«, überall, weil nirgends.

Völlig verblüfft stellt man fest, dass der Ort, die »Stätte«, auf die Heidegger sich bezieht, ontologisch ist, das Sein, und nicht politisch, der Staat, der Stadtstaat – ontologisch, *damit* er *nicht* politisch ist, bin ich natürlich meinerseits geneigt zu sagen. Dafür spricht besonders die Art und Weise, wie das erste *stasimon* (Chorlied) der *Antigone* von Sophokles durchgängig von Heidegger interpretiert wird. Der Mensch sei »das Unheimlichste des Unheimlichen« (*to deinotaton*), weil er *hypsipolis apolis* sei. Was soll das heißen? Heidegger verleiht hier dem Deutschen Tiefe durch das Griechische, aber im selben Maße auch dem Griechischen durch das Deutsche. Er entscheidet sich, unter *polis* nicht »Stadtstaat« oder »Staat« zu verstehen, wie man sie normalerweise – eben gerade unter Rückgriff auf eine »politische« Terminologie – übersetzen würde, sondern viel eher, wie immer an vorderster Stelle, das Sein; das heißt als etwas, das im Jargon ontologischer Begeisterung vorgetragen wird, nämlich als »die Geschichtsstätte, das Da, *in* dem, *aus* dem und *für* das Geschichte geschieht«.[40] Acht Jahre später kommt Heidegger darauf zurück, als er im *Parmenides* nach eigenem Gutdünken etymologisiert: Polis »ist nur der Pol des *pelein*, dem altgriechischen Verb für ›sein‹«. Sodass der Mensch oberhalb der *polis* und ohne *polis* sich nicht wie der umherirrende Ödipus, der von seiner Tochter Antigone geleitet wird, oberhalb der Stadt außerhalb der Stadt wiederfinde, sondern »[h]ochragend in der Geschichtsstätte« und zugleich »ohne Stadt und Stätte«, »ohne Satzung und Grenze«, weil er »dies alles« ja erst »gründen« müsse. Das Sein ist mithin häufig ein nicht so toxisches Wort wie Boden, Volk bzw. Rasse und Verwurzelung, und als Philosoph kann Heidegger es sich hier sparen, wie Barrès von der Verwurzelung in der Erde und in den Toten zu sprechen.

Doch ist diese deutsche Sprache, der jenes Griechisch Tiefe verleiht, tatsächlich die Sprache, auf die sich Arendts Nostalgie richtet?

Über exilierte Sprachen und die deutsche Sprache

Auch Arendt sagt recht häufig, wie wichtig griechische Sprache und griechische Dichtung für sie gewesen sind.[41] Doch die Entkopplung von Sprache und Volk, die sie vertritt, entwurzelt die Sprache, »entvolkt« müsste man eigentlich sagen, und lässt keine Entgleisung zu. Wenn man Arendts Entkopplung für richtig hält, kann die Sprache kein Wesensmerkmal eines Volkes mehr sein, sie ist nicht dessen Eigentum. Das hat Jacques Derrida mit allergrößtem Nachdruck gesagt: »Ich habe nur eine Sprache, und gleichzeitig gehört mir diese Sprache auf eine ebenso einzigartige wie exemplarische Weise nicht. [...] Eine einzigartige Geschichte hat bei mir dieses universelle Gesetz übersteigert: Eine Sprache ist nichts, was einem gehört.«[42] Sprache und Volk müssen voneinander getrennt werden, damit die Sprache weiterbestehen kann.

Meiner Ansicht nach handelt es sich um dieselbe Denkbewegung, wenn man vom Menschen – *hypsipolis apolis*, aus der Ferne sein, der Mensch als Dasein des Seins, das nicht da ist – zu den Menschen in ihrer Diversität und Pluralität übergeht: Allein schon durch die Berücksichtigung der Vielheit setzt das Politische sich gegen das Ontologische durch. Vom Universellen oder Übergreifenden zum Besonderen zu gelangen, ist

Arendts beständige Sorge: Ihre Sorge gilt der Pluralität der Menschen.

> Was ist Politik?
> 1. Politik beruht auf der Tatsache der Pluralität der Menschen. Gott hat *den* Menschen geschaffen, die Menschen sind ein menschliches, irdisches Produkt [...].
> 2. Politik handelt von dem Zusammen- und Miteinandersein der *Verschiedenen*.[43]

Drei Monate später wiederholt sie es auf Englisch: »If Man is the topic of philosophy and Men the subject of politics, then totalitaranism signifies a victory of ›philosophy‹ over politics – and not the other way round« (»Wenn *der* Mensch das Thema der Philosophie ist und die Menschen Gegenstand der Politik, bedeutet Totalitarismus einen Sieg der ›Philosophie‹ über die Politik – und nicht umgekehrt«).[44] Wie ich gerade entdeckt habe, sagt Günther Anders es vielleicht mit noch mehr Nachdruck als Arendt, indem er eine singuläre Pluralität zum integralen Kern eines Jeden macht: »Was ich meine, ist, daß *der Mensch – Menschen* ist; daß er nur im Plural existiert; [...] ›Menschen‹ ist nicht der Plural des Singular ›Mensch‹, vielmehr ist jeder Mensch bereits eine Singularisierung der Menschen.«[45]

Zwischen dem Menschen und den Menschen besteht nun aber dasselbe Verhältnis (*logos*, würden die Griechen allen Ernstes sagen) wie zwischen der Sprache des Seins (im Heidegger'schen Sinne des »es gibt«*, der ontologischen Gegebenheit) und einer Sprache von vielen (dass »es« nämlich eine Pluralität und Diversität von Sprachen »gibt«, worüber besonders Humboldt nachgedacht hat[46]), auch wenn es sich in beiden Fällen bei der fraglichen Sprache zufällig um die deutsche Sprache handelt. Noch einmal: Um welche Sprache geht es? Für Arendt: um die deutsche Sprache. Und um welches Volk? Für Arendt: um kein Volk/um das jüdische Volk (je nach der faktischen Ausprägung des »als« in Reaktion auf Israel, auf Auschwitz). Jedenfalls keineswegs um so etwas wie »die Sprache meines Volkes«. Hannah Arendt hat zwar versucht, in New York mit der Hilfe eines Freundes und Kollegen Hebräisch zu lernen, sie hat sich große Mühe gegeben, aber ihre Meinung hat sich dadurch nicht geändert: Hebräisch, schreibt sie im August 1936 an Blücher, ist »keine Sprache, sondern ein nationales Unglück«.[47] Zufällig ist die deutsche Sprache nun einmal Arendts Muttersprache. »Die deutsche Sprache jedenfalls ist das Wesentliche, was geblieben ist, und was ich auch bewußt immer gehalten habe.« »Auch in der bittersten Zeit?«, fragt daraufhin Gaus. »Immer. Ich habe mir gedacht, was soll man denn machen? Es ist ja nicht die deutsche Sprache gewesen, die verrückt geworden ist. Und zweitens: Es gibt keinen Ersatz für die Muttersprache«, antwortet Arendt.[48] Diese Antwort, die Hypothese von der Verrücktheit der Sprache, hat Derrida auf den Kopf gestellt. Was haben das »Ingenium« der Sprache und die individuelle »Muttersprache« genau mit der Sprache des deutschen Volkes in Nazideutschland zu tun? Stehen sie oberhalb, außerhalb, neben dem, was »in« ihr, im Namen dieser Sprache auf Deutsch geschieht, oder nicht?

»Wie nach Auschwitz sprechen?« – die Frage ist bekannt. Man weiß nur allzu gut, dass sie sowohl die philosophische Sorge eines Adorno auf den Plan ruft – mit einem tief empfundenen Ekel vor Heideggers Sprache, die gleichzeitig als Jargon herausgehoben und als totalitäre Sprache verallgemeinert werden muss, damit das Deutsche erhalten werden kann – als auch Celans ausgefeiltes dichterisches Schweigen, jene Sprachbrocken, die durch das »Gitter« des Bekenntnishaften dringen, *Sprachgitter**, ohne Hoffnung auf einen Phönix aus der Asche, hoffnungslos, und schließlich die unbestechliche philologische Auffassungsgabe von Victor Klemperer in *Lingua Tertii Imperii*, dessen Titel seine Bezeichnung für die Sprache des Dritten Reichs wiedergibt. In seinem »Notizbuch eines Philologen«, das er von seinem »Judenhaus« aus wie eine Balancierstange führt, um seine innere Freiheit zu bewahren (und der sich vorkommt »wie Odysseus bei Polyphem: ›Dich fress ich zuletzt!‹«), notiert der Spezialist für französische Literatur Klemperer, dem sein Lehrstuhl an der Universität Dresden entzogen wurde, zwischen 1936 und 1945 von Stunde zu Stunde, wie der Nazismus in die deutsche Sprache einsickert und sie verändert. »Worte«, schreibt er, »können sein wie winzige Arsendosen: sie werden unbemerkt verschluckt, sie scheinen keine Wirkung zu tun, und nach einiger Zeit ist die Giftwirkung doch da«; deshalb, fügt Klemperer hinzu, sollte man »viele Worte des nazistischen Sprachgebrauchs für lange Zeit, und einige für immer, ins Massengrab legen«.[49] Wörter müssen weggeworfen werden, zum Beispiel das Wort »*organisieren*«, ohne dass wir uns schämen, müssen wir ganz offen »sprachliche Elemente« wegwerfen, wie wir heute sagen, Sprachgebräuche wegwerfen – doch was mag es heißen, »Sprache wegzuwerfen«? Deshalb ist der endlich aus dem Exil heimgekehrte Anders so perplex, der verwundert ausruft: »Da spricht man also wieder deutsch. Der erste Eindruck: Überraschung. ›Du, die sprechen deutsch.‹ Aber der nächste Eindruck: ›Frechheit‹. – Warum?«[50] Und er fügt hinzu: »Ich fürchte, wir Exildichter haben unsere Muse durch unsere Rückkehr mundtot gemacht.«

Wie mir scheint, wird diese Nach-Auschwitz-Frage in jedem Fall von Arendt noch einmal neu gestellt und angestoßen. Die deutsche Sprache ist nicht verrückt geworden, denn die deutsche Sprache ist nicht die nationale oder nationalsozialistische deutsche Sprache, sondern eine Sprache, Deutsch, die selbst außer Landes bzw. ohne Land ist, die niemandem gehört, im wahrsten Sinne des Wortes »exiliert« ist. Da in ihrer Eigenschaft als Sprache jede Sprache ohne Land, exiliert ist, und nicht nur exiliert ist, sondern im Exil gesprochen wird (was ihre Exilierung sozusagen unter Beweis stellt), verliert diese Frage ihren Sinn. Letzten Endes wird die Muttersprache immer durch ihre Denaturalisierung gerettet.

Das Paradigma des Übersetzens

Dies ist etwas, das Derrida meines Erachtens wirklich verstanden und mit seinem Aufruf/Ausruf »Plus d'une langue!«, »mehr als eine Sprache/nichts mehr, was einer Sprache angehört«, wieder aufgegriffen hat.

Aus diesem Grund ist die Liebe zur Muttersprache, die Treue, welche die Exilantin ihr schuldet, um sie davon freisprechen zu können, dass sie auch die Sprache von Nazideutschland gewesen ist, bei Arendt mit der Pluralität, die sie sowohl praktiziert als auch preist, vereinbar und beugt sich ihr. Denn sprachliche Pluralität ist für sie eine nicht nachlassende persönliche Erfahrung. Immer wenn sie in ihr *Denktagebuch* schreibt, belässt sie ihre Gegenstände – Platon, Machiavelli, Pascal, Kant – in der Originalsprache des jeweiligen Werkes, gelegentlich sogar mit ziemlich freudiger Unbekümmertheit in der Sprache, in der sie ihr in die Hände fallen, wie etwa eine gängige englische Übersetzung von Platon, wenn der griechische Band nicht da ist, ja sogar Kant auf Englisch »and basta«![51] Bei Elisabeth Young-Bruehl ist die Rede von Arendts »[V]ielsprachig[keit]«, nämlich der »Sprache ihrer philosophischen und poetischen Heimat, Deutsch, d[er] Sprache ihres ersten Exils, Französisch, d[er] Sprache ihrer zweiten Staatsbürgerschaft, Englisch-mit-deutschem-Akzent, und d[en] Sprachen ihrer politischen Propheten, Latein und Griechisch«.[52] Arendt beherrscht in der Tat »mehr als eine Sprache/nichts mehr, was einer Sprache angehört«, und sei es bloß aufgrund der Beachtung, die sie dem Lateinischen als Kontrapunkt zum Griechischen schenkt. Schon dies ist ein wichtiger Punkt, an dem sie sich von Heidegger und von der Verschmelzung von *logos – Sprache* – Sage** absetzt: Wir haben es Arendt zu verdanken, dass die politisch-philosophische Grundlage der Gegenwart mittlerweile aus lateinischen Wörtern wie *cultura, gravitas, auctoritas, religio, libertas* und *traditio* besteht.[53] Ich sehe darin einen wesentlichen Unterschied in Bezug auf die Erfahrung und das Paradigma des Übersetzens, denn in Heideggers Augen ist das Griechische »im Lateinischen« für die Philosophie verlorengegangen, während es sich in Arendts Augen darin politisch neu erfunden hat.

Auf einmal ist es gar nicht mehr so sicher, dass Erfindungsreichtum ein Wesensmerkmal der Muttersprache ist. Auch wenn man mit einer Sprache eng vertraut sein muss, um in ihr erfinderisch sein zu können, gibt es möglicherweise mehrere Arten von Vertrautheit. Der in Nashville, Tennessee, geborene Dichter Randall Jarrell, der bei *The Nation* und zusammen mit Arendt im Verlag Schocken Books gearbeitet hat und sich ihr zufolge besonders gut darauf verstand, ihre Texte zu »verenglischen«, liebte die deutsche Sprache von ganzem Herzen: »Ich glaube – Ja, ich glaube wirklich – Das Land, das ich am allermeisten liebe, ist Deutsch.« Und er seufzte: »Ach, mein Deutsch ist noch kein bißchen besser: Wenn ich übersetze, woher soll ich dann die Zeit nehmen, Deutsch zu lernen? Wenn ich nicht übersetze, dann vergesse ich die deutsche Sprache ganz.«[54] Kann es nicht durchaus vorkommen, dass man in einer Sprache, die man nicht besonders gut spricht, wohlklingende Sätze träumt oder erfindet? Auf diese Weise erklärt man ihr seine Liebe. Es ist schon schwer genug herauszufinden, was sich in uns ändert, wenn es zu einem

Sprachwechsel kommt, aber es ist auch nicht leicht herauszufinden, was man in sich ändert, wenn man die Sprache wechselt, wenn man sich auf einen anderen Sprachkörper einlässt, der eine andere Signifikantenwelt eröffnet. Ich weiß bloß, dass man mindestens zwei Sprachen sprechen muss (lieben reicht auch), um herauszufinden, dass man eine Sprache spricht und dass es sich dabei um eine Sprache handelt; und dass ein Exilant sowohl die Chance als auch Sehnsucht danach hat, mit Leib und Seele nachzuvollziehen, dass eine Sprache für ihn in stärkerem Maße Muttersprache ist als eine andere – Arendts Bewegtsein, als sie zwischen 1949 und 1950 für einige Monate im Auftrag des JCR, der Jewish Cultural Reconstruction Inc., nach Deutschland zurückkehrt und hört, dass auf der Straße Deutsch gesprochen wird.

In einer anderen Sprache erfindet man nicht nur auf andere Weise, man erfindet auch zwischen zwei Sprachen. Das nennt sich Übersetzen. Der Mensch ist kein über einen *logos* verfügendes Lebewesen, sondern ein polyglottes Lebewesen. Über die Pluralität der Sprachen philosophiert Arendt nicht anhand von deren angeblicher ontologischer Hierarchie und auch nicht unter Wahrung ihrer angeblichen, ursprünglichen und nationalen Integrität, wie Heidegger, sondern aufgrund der *Tatsache* ihrer Pluralität: nach Babel, und zwar mit Vergnügen.[55] Im November 1950 gibt sie einer Seite des *Denktagebuchs*, das sie im Juni desselben Jahres begonnen hat, den Titel »*Pluralität der Sprachen**«. Sie hat dieses Fragment auf Deutsch verfasst:

Pluralität der Sprachen: *Gäbe es nur eine Sprache, so wären wir vielleicht des Wesens der Dinge sicher.*
Entscheidend ist 1. dass es viele Sprachen gibt und dass sie sich nicht nur im Vokabular, sondern auch in der Grammatik, also der Denkweise überhaupt unterscheiden und 2. dass alle Sprachen erlernbar sind.
Dadurch, dass der Gegenstand, der für das tragende Präsentieren von Dingen da ist, sowohl Tisch wie ›table‹ heißen kann, *ist angedeutet, dass uns etwas vom wahren Wesen des von uns selbst Hergestellten und Benannten entgeht.* Nicht die Sinne und die in ihnen liegenden Täuschungsmöglichkeiten machen die Welt unsicher, auch nicht einmal die ausgedachte Möglichkeit oder erlebte Panik, dass alles nur ein Traum sein könnte, sondern *die Vieldeutigkeit, die mit der Sprache und vor allem mit den Sprachen gegeben ist.* Innerhalb einer homogenen Menschengemeinschaft wird das Wesen des Tisches durch das Wort Tisch vereindeutigt, um doch gleich an der Grenze der Gemeinschaft ins Schwanken zu geraten.
Diese schwankende Vieldeutigkeit der Welt und die Unsicherheit des Menschen in ihr würde natürlich nicht existieren, wenn es nicht die Möglichkeit der Erlernbarkeit der fremden Sprache gäbe, die uns beweist, dass es noch andere ›Entsprechungen‹ zur gemeinsam-identischen Welt gibt als die unsere, oder wenn es gar nur eine Sprache gäbe. Daher der Unsinn der Weltsprache – gegen die ›condition humaine‹, die künstlich gewaltsame Vereindeutigung des Vieldeutigen.[56]

Als Flüchtling und als politische Theoretikerin ist Arendt polyglott. Für die Verfassung der Welt ist die Pluralität der Sprachen eine entscheidende Tatsache, weil durch sie keineswegs dasselbe mit anderen Worten ausgedrückt wird, wie man gemeinhin annimmt, sondern weil durch sie Differenz mitten im Wesen der Dinge angesiedelt wird. Wie Humboldt es anhand des Griechischen oder Baskischen untersucht und wie Benjamin in »Die Aufgabe des Übersetzers« unablässig gezeigt hat, sind der Grund dafür im gleichen Maße die semantischen Modulationen (das »Vokabular«, sagt Arendt) wie vor allem der syntaktische Bogen, auf dem die Weltwahrnehmung (die »Grammatik, also [die] Denkweise überhaupt«) beruht. Aber von Humboldt bis Arendt ändert sich der affektive Gehalt. Für ihn geht es darum, dass »der Reichthum der Welt und die Mannigfaltigkeit dessen, was wir in ihr erkennen«, wächst, und darum, dass »sich [...] der Umfang des Menschendaseyns« erweitert, sodass »neue Arten zu denken und zu empfinden [...] in bestimmten und wirklichen Charakteren vor uns da[stehen]«.[57] Für sie handelt es sich um die »schwankende Vieldeutigkeit der Welt und die Unsicherheit des Menschen in ihr«. Diese philosophische, politische und existenzielle Erschütterung ist durch die »Erlernbarkeit der fremden Sprache« bedingt. Die »Vieldeutigkeit, die mit der Sprache und [...] mit den Sprachen gegeben ist«, bewirkt die »schwankende Vieldeutigkeit der Welt«: als ob die verschiedenen Sprachen Wege seien, jeweils unterschiedliche Dinge hervorzubringen, wie bei Homonymen, deren Homonymie die Bedeutung ins Wanken bringt und deshalb als Bedrohung empfunden wird.[58] Ich würde den unterschiedlichen, für Humboldt von Anfang an positiven und für Arendt zweischneidigeren affektiven Gehalt gerne dem Unterschied zwischen Kosmopolitismus und Exil zuschreiben, der sich in der unterschiedlichen Klassifizierung widerspiegelt, die sie vornehmen: Er hält den Unterschied der Sprachen für eine Sache der Synonymie, sie für eine Sache der Homonymie.[59]

Am bemerkenswertesten ist, dass Vieldeutigkeit nicht nur zwischen den Sprachen angesiedelt ist, zwischen zwei Sprachen, sondern innerhalb ein und derselben Sprache – »wenn es gar nur eine Sprache gäbe«, schreibt sie. Durch das *Dictionnaire des intraduisibles* habe ich den Hintergrund der einfallsreichen Bemerkung verstanden, die Jacques Lacan in »L'Étourdit« über die Sprachen des Unbewussten macht, die aber meiner Meinung nach für alle Sprachen gilt: »Eine Sprache unter anderen ist nicht mehr als die Gesamtheit der Äquivokationen, die ihre Geschichte dort hat überdauern lassen.«[60] Die Sprachen entsprechen sich ebendeshalb nicht, weil jede Sprache ein anderes Echo hat, andere »Entsprechungen«, wie Arendt sagt, »Korrespondenzen«, wenn man an Baudelaire denkt, sodass ein und dieselbe Sprache nicht genau das besagt, was sie besagt: *trapeza* ist gleichzeitig eine Bank auf Neugriechisch, *mesa* gleichzeitig eine Hochebene in Kastilien oder in den Anden. Zudem habe Klang und Rhythmus des Signifikanten immer Auswirkungen auf die semantische Strahlkraft und die Zweckgerichtetheit: In Hannahs Deutsch, in dem das phänomenologische Vokabular es an Schwerfälligkeit mit dem scholastischen aufnehmen kann, wird der Tisch* als »der Gegenstand« definiert, »der für das tragende Präsentieren von Dingen da ist«.

Worin besteht nun also der Zusammenhang zwischen der jüdischen oder weiblichen Identität und der Sprache, den Sprachen der Exilantin? Das Verbindungsglied scheint mir jetzt deutlich zu erkennen zu sein: Die schwankende Vieldeutigkeit hat Modellcharakter angenommen; ausnahmsweise einmal bilden Exilanten, Flüchtlinge, Juden die Avantgarde der »*Condition humaine*«, jedenfalls verkörpern sie die am wenigsten abwegige Norm.

»[A]n der Grenze der Gemeinschaft« gerät das Wort »ins Schwanken«, umso besser! An dieser Stelle stimmt Arendt denn doch in Humboldts Optimismus ein: Ihr Optimismus beruht auf der Artikulation der »Entsprechungen«, wie sie schreibt, »zur gemeinsam-identischen Welt«. Wir müssen uns klarmachen, dass eine Welt, in der man »zusammenleben« kann, kein Ausgangspunkt, sondern ein Zielpunkt, ja sogar ein regulatives Prinzip ist. Trotz/wegen der schwankenden Vieldeutigkeit der Welt und der Unsicherheit des Menschen in ihr wird diese Welt politisch besonders *via* – vielleicht müsste man im vollen Wortsinn von *via* hier sogar »beispielhaft durch« sagen – dem möglichen Erlernen einer Fremdsprache konstruiert. Gute Politik ist gegen eine »Vereindeutigung«, durch die Totalitarismus droht, sie zieht es vor, die Komplexität philosophischer Universalität und Wahrheit radikal zu erhöhen. Von der Nostalgie zur schwankenden Vieldeutigkeit: auf dass das Wesen ins Schwanken gerate! Sich des Wesens der Dinge nicht sicher zu sein, ist das Beste, was sowohl der Welt als auch uns passieren kann.

Es mag seltsam anmuten, dass diese Bedingung, diese »*Condition humaine*«, die Arendt in Anführungszeichen setzt, sich uns in Überlegungen über die Sprachen des Exils, Flüchtlinge, jüdische Geschichte zu erkennen gibt. Wir »mögen [...] es nicht, wenn man uns ›Flüchtlinge‹ nennt«, schreibt sie im Jahr 1943, wir »selbst bezeichnen uns als ›Neuankömmlinge‹ oder ›Einwanderer‹«. Unsere Zeitungen [sie schreibt eine Kolumne für den *Aufbau*,[61] wenn der Text »We Refugees«, dem ich diese Zeilen entnehme, auch im Januar 1943 im *Menorah Journal* erschienen ist] sind »für ›Amerikaner deutscher Sprache‹« bestimmt. Finstere Zeiten: »Offensichtlich will niemand wissen, dass die Zeitgeschichte einen neuen Menschentyp hervorgebracht hat – Menschen, die von ihren Feinden in Konzentrationslager und von ihren Freunden in Internierungslager gesteckt werden.«[62]

Heute seien Exilanten, Flüchtlinge, Juden nämlich gerade keine Ausgeschlossenen mehr, sondern hätten Modellcharakter: »Die von einem Land ins andere vertriebenen Flüchtlinge repräsentieren [...] die Avantgarde ihrer Völker – vorausgesetzt, daß sie ihre Identität behalten. Zum ersten Mal gibt es keine separate jüdische Geschichte mehr, sondern die jüdische Geschichte ist verknüpft mit der Geschichte aller anderen Nationen.«[63] Daran ist eigentlich gar nichts seltsam, denn »[d]ie Gesellschaft hat mit der Diskriminierung das soziale Mordinstrument entdeckt, mit dem man Menschen ohne Blutvergießen umbringen kann; denn Pässe oder Geburtsurkunden, und manchmal sogar Einkommenssteuerbescheide, sind keine offiziellen Dokumente mehr, sondern dienen der gesellschaftlichen Unterscheidung.« Es ist also nicht weiter erstaunlich, dass die »jungen Schwarzen, die in Washington aus dem Museum kommen, häufig sagen: ›Wir wussten gar nicht, dass die Juden *blacks* waren‹«.[64] Dies findet 1959 Widerhall im spröden Ton von Arendts Überlegungen zu »Little Rock«: Ich »möchte gern klarstellen, daß ich es als Jüdin für selbstverständlich halte, daß meine Sympathie der Sache der Neger wie aller unterdrückter oder unterprivilegierter Völker gilt, und es zu schätzen wissen würde, wenn der Leser dies gleichfalls täte«.[65]

Das »als« der Zuschreibung und Reaktion würde also zu einer gemeinsamen Welt beitragen? Der Nachweis wäre noch zu führen. Doch kann mit Nachdruck festgehalten werden, dass die Gegenwart nostalgisch im Hinblick auf diese gemeinsame Welt ist. Womöglich kann man bloß Nostalgie für sie empfinden. Vielleicht kann Europa in dieser Hinsicht als Modell oder Paradigma dienen. Noch einmal Günther Anders, Southampton, 1950: »Das also heißt Nachhausekommen: weit hinter sich die Leichen der Eltern zurücklassen; im Schutt einer Stadt stochern, die man niemals gesehen hatte; in der Stadt eines Landes stehen, das man niemals betreten hatte; die Reste einer Vergangenheit grüßen, die nicht die eigene ist. – Und doch ist man zuhause. Nicht nur, weil für das Auge dessen, der aus Amerika kommt, auch England schon Europa ist. Sondern weil man überall dort zuhause ist, wo schuldlos Opfer gefallen sind …«[66] Was ist ein Europäer? Jemand, der Heimweh nach Europa hat.

Schwimmende Wurzeln

Nostalgie. Heimkehrrecht. Nach Hause zurückzukehren, ist ein Recht. Jeder hat das Recht zurückzukehren. Die am 11. Dezember 1948 von den Vereinten Nationen verabschiedete Resolution 194 erklärt, »dass denjenigen Flüchtlingen, die zu ihren Wohnstätten zurückkehren und in Frieden mit ihren Nachbarn leben wollen, dies zum frühestmöglichen Zeitpunkt gestattet werden soll«. Am 5. Juli 1950 hat die Knesset ein »Rückkehrgesetz« beschlossen, um sicherzustellen, dass alle Juden und ihre möglicherweise nichtjüdischen Familien nach Israel einwandern können. Am 22. November 1974 verabschiedete die Generalversammlung der Vereinten Nationen Resolution 3236, die erneut »das unveräußerliche Recht der Palästinenser« bekräftigt, »in ihre Häuser und ihr Eigentum zurückzukehren, aus denen sie vertrieben und entwurzelt wurden«, und sie »fordert ihre Rückkehr«. Wie Günther Anders uns anvertraut, hat er »einmal in der Public Library in New York« einen »alten Traktat über den ›Morbus Helveticus‹ (sprich: die Heimwehkrankheit) […] aufgestöbert« und alle ihre Symptome empfunden: »Während der vierzehn Jahre, die ich drüben in Amerika war, hat es wohl keinen einzigen Tag gegeben, an dem ich mich nicht nach meiner letzten europäischen Heimat: nach Paris gesehnt hätte.«[67] Er erfährt alle ihre Merkmale an sich selbst, wie das Verhältnis von Raum und Zeit: »die ›Logique du cœur‹ […]: *die Gleichung von Vergangenheit und Zuhause, von Vor-zeit und Vor-welt*; oder richtiger: deren ursprüngliche Einheit, die sich in ihre Äste ›Zeit‹ und ›Raum‹ noch nicht gegabelt hat.« Die Krankheit sei »lebensgefährlich«, man könne sie aber »dadurch prompt kurieren, daß man den Patienten, wenn auch nur für kürzesten Aufenthalt, an das ›Ziel seiner Sucht‹ zurückbefördere«. Das liege wahrscheinlich daran, dass die Wahrnehmung nicht über die Kraft verfüge, der Sehnsucht und ihren Projektionen Konkurrenz zu machen: »Die Sehnsucht, besonders die jahrelang bis zur Krankheit gesteigerte, hatte das ›Wesen‹ entworfen; was die Wahrnehmung bietet, ist viel zu viel und viel zu zufällig. […] Eigentlich genügt ein einziger Blick: der erste.« Diese Sehnsucht sei auf doppelte Weise erschütternd: *»Das Wirkliche als Schatten des Bildes!«* / *»Denn was uns entsetzt, ist nicht das Veränderte, sondern das Gleichgebliebene.«* Man weiß nicht, was am Schlimmsten ist: dass sich alles verändert hat oder dass alles noch da ist. Zuhause? »Da wäre ich also ›zurückgekehrt‹. – Aber […] [ich] bin […] in ein Land zurückgekommen, in dem ich niemals zuvor gelebt habe«, notiert er im Mai 1950 in Wien. Als er es am 18. Juni 1953 endlich bis zum Anflug auf Berlin geschafft hat, wie Odysseus bis an die Küste von Ithaka: »Da hatte man tausendmal von Heimkehr geträumt. Schwer zu begreifen, daß dieses fremdeste Etwas, im Vergleich zu dem jede unbekannteste Stadt vertraut aussieht, daß das das Zuhause sein soll, und dieses In-die-Tiefe-blicken mein Wiedersehen.« Und am 19. Juni, nicht zuhause zuhause, zweifach nostalgisch: »›Was jibts denn da oben?‹ fragt einer, der hinter ihn tritt [...]. Und [...] der Fremdling [...] wandert [...] weiter, fremdlingshafter als er je im entferntesten Lande gewesen war. Und zur Strafe dafür, daß er die Fremde verweigerte, verweigerte sich ihm hier das Zuhause.«

Doch den Satz, in dem sich in meinen Augen alles verdichtet, hat er im Dezember 1950 in Wien notiert: »daß die Mutter sterblich ist, weiß jeder; daß das Haus sterblich ist, niemand.« Mit dem Ruder auf der Schulter brechen wir am Leitfaden dieses neuartigen Syllogismus abermals auf.

Die Aussage, dass das Exil Modellcharakter für die gegenwärtige *Conditio humana* besitzt und wir alle Exilanten sind, fällt natürlich sehr viel leichter, wenn man selbst nicht oder nicht wirklich in einer solchen Lage ist. Nostalgie, sagt Bolzinger, ist ein »Übel, welches das kulturelle Erbe befällt«.[68] Wenn das einzige Erbe die Sprache ist und man sie zu seinem Beruf macht, kann man nicht die Entwurzelung hochhalten und preisen (denn dann würde man im schlimmsten Fall mit Heidegger, im besten mit Simone Weil ein Loblied auf die Verwurzelung singen), aber schwimmende Wurzeln. »Denn wir leben täglich an einem anderen Flecken, und schreiben, wo auch immer, immer am Gleichen weiter; mindestens den Versuch machen wir. Ob das Geschriebene dann Wurzeln schlägt, tiefere, als die schwimmenden Wurzelfasern, die unsere sind, ist freilich eine andere Frage.«[69] Kultur außer Landes bzw. ohne Land ist der richtige Ausdruck. In Brechts *Flüchtlingsgesprächen* hat Ziffel (der große, dicke Physiker mit den weißen Händen) gerade gegenüber Kalle (dem Untersetzten mit den Händen eines Metallarbeiters) folgende Bemerkung über »Vaterlandsliebe« gemacht: »Es ist mir immer merkwürdig vorgekommen, daß man gerade das Land besonders lieben soll, wo man die Steuern zahlt. Die Grundlage der Vaterlandsliebe ist die Genügsamkeit, eine sehr gute Eigenschaft, wenn nichts da ist.« »Sonst hör ich immer«, entgegnet Kalle, »man soll verwurzelt sein. Ich bin überzeugt, die einzigen Geschöpfe, die Wurzeln haben, die Bäume, hätten lieber keine, dann könntens auch in einem Flugzeug fliegen.«[70] Der Mensch besitzt nämlich »jenen Vorzug [...], daß er nicht festgewurzelt, nicht am Boden angewachsen ist« (Epiktet, *Unterredungen*, III 24, 9). Und da dies so ist, neige ich zu der Annahme, dass der Baum um das Bett Wurzeln hat, nicht aber Odysseus. Auf listenreichen Umwegen und in mehr als einer Hinsicht ist Odysseus wirklich polytrop. Er möchte zwar heim-, »nach Hause« zurückkehren, *oikade*, aber zunächst einmal erkennt er seine Insel nicht wieder, sie ängstigt ihn, ihre Vertrautheit ist als solche unheimlich, und er bricht umgehend wieder auf, es zieht ihn ins äußerste Anderswo, ans Ende der Welt.

Ich neige also zu der Annahme, dass Odysseen uns lehren, dass man nicht »dort« bleibt, das heißt, dass man niemals »da ist«, bei sich zuhause. Eher als die Wurzeln würde ich das Anderswo pflegen, eine sich nicht abschottende Welt voller unterschiedlicher »Mitmenschen«, die einem ähneln und nicht ähneln.

Wann sind wir wirklich zuhause? Wenn wir selbst, unsere Nächsten und unsere Sprache bzw. Sprachen willkommen sind.

Anmerkungen

ÜBER KORSISCHE GASTFREUNDSCHAFT

1 René Goscinny, Albert Uderzo, *Asterix auf Korsika. Großer Asterix-Band XX*. Aus dem Französischen von Gudrun Penndorf, Stuttgart 1996 [1973], S. 20.

2 Siehe zum Beispiel – im Anschluss an Milman Parry – Moses Finley, *Die Welt des Odysseus*. Aus dem Englischen von Anna-Elisabeth Berve-Glauning, Gabriele Ackermann und Hannelore Kobbe, Frankfurt/M., New York 2005 [1954 und 1977].

3 Jacques Derrida, *Leben ist Überleben*. Aus dem Französischen von Markus Sedlaczek, Wien 2005, S. 47.

4 Siehe André Bolzinger, *L'Histoire de la nostalgie* (Paris 2007), hier I, 1 und 2, wo gezeigt wird, wie Hofers Dissertation (16 Seiten im Jahr 1688) von Zwinger (1710) überarbeitet und »ergänzt« und dann von Haller (1745) nochmals überarbeitet wurde, der auf den ursprünglichen Text zurückgreift, dem aber ein Datierungsfehler unterläuft (1678 statt 1688), auf den die Annahme eines Vorläufers namens Harder zurückgeht. Was das Verhältnis zur Medizin anbelangt, siehe vor allem auch Jean Starobinskis Aufsatz »Le concept de nostalgie«, in: *Diogène* 54 (1966), S. 92-115, den er im Kapitel »La leçon de la nostalgie« von *L'Encre de la mélancholie*, Paris, 2012, S. 257-280, in einem breiteren Rahmen wieder aufgegriffen hat.

5 Jean-Jacques Rousseau, *Wörterbuch der Musik. Faksimile-Nachdruck des Auszuges in den »Wöchentlichen Anmerkungen die Musik betreffend«*, 1768-1769. Mit einem Nach-

wort und einem Register von Hans Pimmer, Egelsbach, Frankfurt/M., Washington 1998 (Mikroedition), S. 310.

6 Das französische Standardwerk zur altgriechischen Sprache: Pierre Chantraine, *Dictionnaire étymologique de la langue grecque*. 4 Bände, Paris 1968 (A.d.Ü.).

7 An dieser Stelle sei auf das *Vocabulaire européen des philosophies. Dictionnaire des intraduisibles*, Paris 2004, verwiesen, in dem es zu allen diesen Wörtern Einträge gibt.

8 Milan Kundera, *Die Kunst des Romans. Essays.* Aus dem Französischen von Uli Aumüller, Frankfurt/M., 2014 [1986], S. 147 (A.d.Ü.).

ODYSSEUS UND DER TAG DER HEIMKEHR

1 XIX, 85: Hier spricht Odysseus als fremder Bettler Penelope gegenüber von Odysseus. Dieselbe Formulierung wird für Telemachos verwendet, der sich auf die Suche nach seinem Vater gemacht hat: Er wird heimkehren, *nostimos* (IV, 806). *Nostos* ist der Schlüssel der gesamten Versdichtung: Odysseus verlangt es nach »der honigsüßen Heimkehr« (XI, 100: Diese Worte richtet Teiresias im Hades an ihn), Penelope wartet »immer nach deiner Heimkehr jammernd in dem Gemüte« (XIII, 379: Athene gibt Odysseus eine Beschreibung von Ithaka); dass »das Ende der süßen Heimkehr ferne bleibe«, möchte der Wahrsager, damit er Penelope heiraten kann (XXII, 323: Odysseus tötet ihn wie die anderen auch). »Haben sie aufgehört, an meine Heimkehr zu glauben?«, lautet die bange Frage, die Odysseus sich immer wieder stellt.

2 Ich stütze mich auf die schöne Übersetzung von Bérard (Paris 1972 [1931]), deren interventionistischen Furor Paul Demont und Marie-Pierre Noël in der Taschenbuch-

ausgabe beseitigt haben (Paris 1996), habe sie aber an einigen Stellen stark verändert, um dem Wortsinn des Textes näherzukommen. Ich habe mich jedoch auch von Philippe Jaccottets Übersetzung (Paris 1982) anregen lassen. Kurz gesagt, habe ich neu übersetzt. – Der deutschen Übersetzung liegt die Prosaübertragung von Wolfgang Schadewaldt (Zürich und Stuttgart 1966 [1958]) zugrunde, die mit Kurt Steinmanns Neuübersetzung (Zürich 2007), aber auch mit Roland Hampes zweisprachiger Ausgabe (Stuttgart 1979), mit Karl Ferdinand Lempps Prosaübertragung (Frankfurt/M., Leipzig 2009) und mit der legendären Übersetzung von Johann Heinrich Voß (München 1979 [1781]) abgeglichen wurde (A. d. Ü.).

3 Dieser Satz wurde unter einem kleinen Bild von Braque abgedruckt, das Char folgendermaßen beschrieben hat: »Sisyphos-Vogel, der seinen Wolkenfels schiebt.«

4 Friedrich Nietzsche, *Menschliches, Allzumenschliches I* (1878), in: ders., *Sämtliche Werke. Kritische Studienausgabe*, Bd. 2, München 1980, S. 9-366, hier 218 (Aphorismus 262: »Homer«).

5 *Odyssee*, VI, 130, im Folgenden 149 und 163.

6 Friedrich Nietzsche, *Die Geburt der Tragödie* (1872), in: ders., *Sämtliche Werke*, Bd. 1, S. 9-156, hier 31, 35 und 37.

7 Was das richtige Verständnis der Bedeutung von *aion* anbelangt, das alle Lebenssäfte bezeichnet, Tränen, Blut, Sperma, Schweiß und von daher auch das Leben, die gewährte Zeit, Dauer, Ewigkeit, sei verwiesen auf R. B. Onians, *Les Origines de la pensée européenne. Sur le corps, l'esprit, l'âme, le monde, le temps et le destin.* Übers. v. B. Cassin, A. Debru und M. Narcy, Paris 1999 [1937], II, 6: »La matière de la vie«.

8 »[...] da sie dann nach dem späteren Besuche derselben sich in ihrer Erwartung sehr getäuscht und so auch geheilt

finden; zwar in der Meinung, daß sich dort alles geändert habe, in der Tat aber, weil sie ihre Jugend dort nicht wiederum hinbringen können.« Immanuel Kant, *Anthropologie in pragmatischer Hinsicht*, Hamburg 1980 [1798], S. 82 [179f. der Originalpaginierung].

9 X, 31-33.

10 VI, 141-169; diese Szene habe ich in *Quand dire, c'est vraiment faire* (Paris 2018) zum Ausgangspunkt genommen.

11 Sigmund Freud, »Das Unheimliche« (1919), in: ders., *Studienausgabe*, Bd. IV: *Psychologische Schriften*, Frankfurt/M. 1970, S. 241-274, hier 244.

12 Übersetzung, Cassin folgend, modifiziert, Schadewaldt übersetzt an der Stelle des XIII. Gesangs, Vers 199: »und sprach das Wort viel wehklagend« (A.d.Ü.).

13 Hier die eindringlichen griechischen Ausdrücke: *ithakes hedos*, »Sitz von Ithaka« (344), *chton*, die »Erde« (352), *gaiei*, das »Land« (354), *zeidoron arouran*, »die nahrunggebende Ackerscholle« (354).

14 Siehe den Eintrag »Mêtis« im *Vocabulaire européen des philosophies. Dictionnaire des intraduisibles*, insbesondere meinen Einschub zu »Ulysse: ›Mon nom est Personne‹, première mise en scène de la *mêtis*«, S. 784.

15 Parmenides, *Sein und Welt.* Die Fragmente neu übersetzt und kommentiert von Helmut Vetter, Freiburg 2017, S. 114: B 8, 26-34, was *Odyssee*, XII, 158-164 wiederaufgreift. Diesen Vergleich behandle ich in meinem Buch *Parménide, Sur la nature ou sur l'étant. Le grec, langue de l'être?*, Paris 1998, S. 53-60.

16 Bzw. eher ein vorletztes: als »Allerletztes« erkennt ihn nämlich sein Vater Laertes wieder, den Odysseus als Letzten aufsucht. Er findet ihn in seinem Garten, genauso heruntergekommen, wie sein Hund es gewesen war; zuver-

lässige Zeichen sind die 13 Birnbäume, zehn Apfelbäume, 40 Feigenbäume und die Weinstöcke, die der Vater dem Kind gegeben hatte.

17 *Ouk onar all' upar*, XIX, 547.

18 In dem Erstaunen, das Penelope befällt und sie erstarren lässt, *tethepen* (105), hallt die Totenstarre, *taphos* (93), wieder.

19 *Aspasios, ge nechomenoisi*, XXIII, 233, was Bérard in der französischen Übersetzung weggelassen hat ... Gewöhnlich wird die Heimat von einer Frau repräsentiert, so wie in Elfride Heideggers Ausruf: »bei anderen Frauen suchst Du ›Heimat‹ – ach Martin – wie sieht's in mir aus« (Gertrud Heidegger (Hg.), *»Mein liebes Seelchen!« Briefe Martin Heideggers an seine Frau Elfride, 1915-1979*, München 2005, S. 315).

20 Du Bellay, *Die Römischen Sonette*, S. 150f, Übersetzung modifiziert (A. d. Ü.).

21 Bolzinger, *Histoire de la nostalgie*, S. 16f.

22 *Hoi men epeita aspasioi lektroio palaiou thesmon hikonto*, »Die erneuerten froh den Brauch des früheren Lagers«, in der Übersetzung von Hampe (XXIII, 293-296).

23 XI, 121-137, wo Odysseus Teiresias direkt zu Wort kommen lässt, und hier, XXIII, 267-284, als Odysseus Penelope darüber berichtet.

24 Johann Georg Zimmermann, *Von der Erfahrung in der Arzneykunst*, Zürich 1777 [1764], S. 674 (Teil II, IV. Buch, 11. Kapitel), zitiert in Bolzinger, *Histoire de la Nostalgie*, S. 59, der uns darüber in Kenntnis setzt, dass seines Erachtens »die Gleichsetzung der Obsession, nach Hause zurückzukehren, wenn man anderswo ist, und des Wunsches, anderswohin aufzubrechen, wenn man zu Hause ist, die abstrakte Frucht reinen Bücherwissens darstellt« (S. 213).

25 »[Der Weg], den die Sterblichen, welche nichts wissen, erdichten (*plattontai*), die Doppelköpfe; denn Hilflosigkeit in ihrer Brust lenkt den irrenden Sinn [*plagkton noon*]; sie aber schleppen sich fort«, Parmenides, *Sein und Welt*, S. 103: B 4-6.

26 Emmanuel Levinas, *Die Spur des Anderen. Untersuchungen zur Phänomenologie und Sozialphilosophie*. Aus dem Französischen von Wolfgang Nikolaus Krewani, Freiburg/München 1983 [1949], S. 215 f., zitiert von Rüdi Imbach in *Dante, la philosophie et les laïcs*, Paris 1996, S. 215-245, hier S. 216 und im Folgenden S. 244.

27 Auf meine Weise mische ich hier Vladimir Jankélévitch (*L'Irréversible et la Nostalgie*, Paris 1974) mit Bolzinger und Imbach.

28 »›So laßt uns fliehen in die geliebte Heimat‹ – so könnte man mit mehr Recht mahnen. Und worin besteht diese Flucht und wie geht sie vor sich? Wir werden in See stechen wie Odysseus [...]. Dort nämlich ist unser Vaterland, von wo wir gekommen sind, und dort ist unser Vater. Was ist es denn für eine Reise, diese Flucht?« Plotin, *Schriften in deutscher Übersetzung*, Bd. I: *Schrifen 1-38*. Übers. v. Richard Harder, Hamburg 2020, S. 13 (*Enneaden*, I, 6, 8), zitiert in Pietro Pucci, *Ulysse polutropos. Lectures intertextuelles de l'*Illiade *et de l'*Odyssee, Villeneuve d'Ascq 1995, S. 181. Maximus von Turin: »Wenn nun aber die Fabel über Odysseus sagt, sein Gebundensein an den Baum habe ihn vor großer Gefahr bewahrt, wie viel eher müssen wir dann nicht verkünden, was wirklich geschehen ist, dass nämlich heute der Baum des Kreuzes das gesamte Menschengeschlecht aus Todesgefahr errettet hat« (*Sermo* XXXVII, 1, zitiert in Imbach, *Dante*, S. 227). Was die neuplatonischen Vorstellungen anbelangt, verweist Imbach zu Recht auf Werner Beierwaltes, *Denken des Einen. Stu-*

dien zur neoplatonischen Philosophie und ihrer Wirkungsgeschichte, Frankfurt/M. 1985.

29 Levinas, *Die Spur des Anderen*, S. 211.

30 Die Begriffe Sehnen*, Trieb*, Bedürfnis*, Missbehagen*, Leere* verwendet Fichte in der *Grundlage der gesammten Wissenschaftslehre* (1794), in: *Fichtes Werke*, hrsg. v. Immanuel Hermann Fichte, Bd. I: *Zur theoretischen Philosophie I*, Berlin 1971, S. 83-328, hier 302f. Vgl. C. Helmreich, Eintrag »Sehnsucht, Sehnen«, in: *Vocabulaire européen des philosophies*, S. 1122-1125.

31 Max Horkheimer, Theodor W. Adorno, *Dialektik der Aufklärung. Philosophische Fragmente* (1947), Frankfurt/M. 1969, S. 42-73. Vgl. Barbara Cassin, *L'Effet sophistique*, Paris 1995, S. 38-40.

32 Günther Anders, »Wiedersehen und Vergessen«, in: ders., *Tagebücher und Gedichte*, München 1985, S. 94-213, hier 110.

AENEAS: VON DER NOSTALGIE ZUM EXIL

1 Bolzinger, *Histoire de la nostalgie*, S. 261.

2 Cicero, *De inventione/Über die Auffindung des Stoffes*. Lat.-dt., hrsg. und übers. v. Theodor Nüßlein, Düsseldorf, Zürich 1998, S. 226-227 (II, 66), sowie *De natura deorum/Über das Wesen der Götter*. Lat.-dt., übers. und hrsg. v. Ursula Blank-Sangmeister, Stuttgart 1995, S. 42-43 (I, 41); siehe die Einträge »Pietas« von B. Collot und »Religio« von C. Auvray-Assayas im *Vocabulaire européen des philosophies*.

3 »Die [...] hingegen, welche alles, was zur Götterverehrung gehörte, sorgfältig bedachten und gewissermaßen immer wieder durchgingen (*tamquam relegerent*), wur-

den, von *relegere* abgeleitet, als religiös (*religiosi*) bezeichnet« (Cicero, *De natura deorum* II, 72); »Durch dieses Band der Frömmigkeit (*hoc vinculo pietatis*) sind wir mit Gott verbunden (*religati*)« (Laktanz, *Divinae institutiones*, IV, 28, 3). Siehe Emile Benveniste, *Indoeuropäische Institutionen. Wortschatz, Geschichte, Funktionen.* Aus dem Französischen von Wolfram Bayer, Dieter Hornig und Kathrina Menke, Frankfurt/M., New York 1993 [1969], S. 507-518.

4 *Aeneadasque meo nomen de nomine fingo*, III, 18.

5 *Pergamaque Iliacamque iugis hanc addidit arcem*, III, 336.

6 Das Lateinische ist so schön: *dum per mare magnum Italiam sequimur fugientem et volvimur undis*, V, 628-629.

7 *Hoc Ilium et haec loca Troiam esse jubet* (V, 756-757).

8 Diesbezüglich werde ich mich immer wieder auf das bemerkenswerte Buch von Florence Dupont, *Rom – Stadt ohne Ursprung. Gründungsmythos und römische Identität*, stützen (aus dem Französischen von Clemens Klünemann, Darmstadt 2013 [2011]).

9 *Pictura inani*, I, 464.

10 I, 378-380.

11 III, 163-168.

12 VII, 68, ruft der Seher: »Einen Helden sehe ich ankommen aus der Fremde [*externum*]«, und das Orakel bestätigt: »Suche nicht, deine Tochter in latinischer Ehe zu verbinden, [...]; aus der Ferne werden Schwiegersöhne kommen, um mit ihrem Blut unseren Namen zu den Sternen zu erheben« (*externi venient generi, qui sanguine nostrum [...]*, 95-99).

13 VII, 368-372, was sehr schön als »Amatas Sophismus« bezeichnet wird.

14 Herodot, *Historien*. Hrsg. u. übers. von Kai Brodersen und Christine Ley-Hutton, Stuttgart 2019, S. 62f. (I, 57-58).

Dionysius von Halikarnass, *Römische Frühgeschichte*, Bd. I. Griech.-dt., übers. v. Alfons Städele, Darmstadt 2020, S. 154-155.

15 Dupont, *Rom – Stadt ohne Ursprung*, S. 118.

16 Jacques Derrida, *Mémoires. Für Paul de Man.* Aus dem Französischen von Hans-Dieter Gondek, Wien [2]2005 [1986], S. 30f., was Derrida im Klappentext von *Le monolinguisme de l'autre* wiederaufgreift (Paris 1996, dt.: *Die Einsprachigkeit des Anderen oder die ursprüngliche Prothese.* Aus dem Französischen von Michael Wetzel, München 2003).

17 Derrida, *Die Einsprachigkeit des Anderen*, S. 23.

18 *Platons Dialoge. Charmides, Lysis, Menexenos*. Übers. v. Otto Apelt, Leipzig 1918, S. 153f. (245c5-d5). Zur Verfeinerung des Bildes, siehe meinen Beitrag »Barabariser«/ »barbare«, in: A. Brancacci, D. El Murr, D. Taormina (Hg.), *Aglaïa. Autour de Platon. Mélanges offerts à Monique Dixsaut*, Paris 2010, S. 201-209.

19 Dupont, *Rom – Stadt ohne Ursprung*, S. 195.

20 Die »Ausonier« sind die Koalition um Turnus, insbesondere die Rutuler, die der Koalition der »Achaier« vor den Mauern von Troja entspricht.

21 XII, 818-841 (meine Hervorhebungen).

22 *Graecia victa ferum victorem cepit et artes intulit agresti Latio* (Horaz, *Episteln.* Lat.-dt., übers. v. C. M. Wieland, Reinbek b. Hamburg 1963, S. 180 (II, 1, 156-157)). Was das Verhältnis von griechischer und lateinischer Sprache anbelangt, siehe F. Dupont, E. Valette-Cagnac (Hg.), *Façons de parler grec à Rome*, Paris 2005; aber auch Hannah Arendt wertet in ihrem gesamten Werk das politische Latein gegenüber dem philosophischen Griechisch von Heidegger auf (vgl. Cassin, *L'Effet sophistique*, S. 248-269).

23 Dupont, *Rom – Stadt ohne Ursprung*, S. 91 und, wie das fol-

gende Zitat, S. 89. Ich übernehme und paraphrasiere an einigen Stellen das gesamte 3. Kapitel.

24 Cicero, *De legibus/Über die Gesetze.* Lat.-dt., hrsg. u. übers. v. Rainer Nickel, Zürich 1994, S. 74-75 (II,5).

25 Seneca, *Dialoge.* Zweiter Teil. Buch VII-XII, übers. v. Otto Apelt, Hamburg 1993, S. 196 (*Ad Helvium matrem de consolationen* [Trostschrift an die Mutter Helvia], VI, 5). Seneca wurde zu Beginn der Regentschaft von Claudius im Jahr 41 n. Chr. nach Korsika ins Exil geschickt und verbrachte dort sieben Jahre.

26 Ebd., S. 210 (XI, 5).

27 Ebd., S. 199 (VII, 7). Die zentrale Formulierung lautet: *Romanum imperium nempe auctorem exsulem respicit.*

28 *Quid aliud quam publica exsilia sunt?* Ebd. (VII, 5).

29 Ovid, *Tristia.* Lat.-dt., hrsg. u. übers. v. Georg Luck, Heidelberg 1967, S. 214-217 (V, 12, 54-58). Ovid wurde im Jahr 8 n. Chr. von Augustus *relegatus in perpetuum*, das heißt auf Lebenszeit, nach Tomis ins heutige Rumänien verbannt, verlor aber weder sein Vermögen noch seine Rechte.

30 »Ohne mich, mein kleines Buch – und ich mißgönne dir das nicht – wirst du die Stadt betreten, die, ach!, dein Herr nicht betreten darf. Geh nur, doch verwahrlost, wie es sich für das Buch eines Verbannten schickt; nimm das Gewand, das meiner Lage angemessen ist. Kein Futteral, mit dem Saft des Rittersporns dunkelrot gefärbt, soll dich umhüllen; es ist nicht die Farbe, die zur Trauer paßt.« – Mit diesen Worten beginnen Ovids *Tristia.*

ARENDT: WENN SPRACHE ZUR HEIMAT WIRD

1 »Was bleibt? Es bleibt die Muttersprache«. Fernsehgespräch mit Günter Gaus (1964), in: Hannah Arendt, *Ich will verstehen. Selbstauskünfte zu Leben und Werk.* Hrsg. v. Ursula Ludz, München 2005 [1996], S. 46-72, hier 60. Vgl. auch ⟨https://www.rbb-online.de/zurperson/interview_archiv/arendt_hannah.html⟩.

2 Ebd., S. 52f.

3 Ebd., S. 59. Dieser Überzeugung ist sie immer gewesen: »Ein Mensch kann sich nur als das wehren, als was er angegriffen wird. Ein Jude kann seine Menschenwürde nur bewahren, wenn er als Jude Mensch sein kann.« Aus: »Ein Mittel zur Versöhnung der Völker« (1942), in: dies., *Wir Juden. Schriften 1932-1966.* Hrsg. v. Marie Luise Knott und Ursula Ludz, München 2019, S. 167-174, hier 171.

4 »Aber jetzt war die Zugehörigkeit zum Judentum mein eigenes Problem geworden. Und mein eigenes Problem war politisch. Rein politisch!«, aus: Arendt, Gaus, »Was bleibt?«, S. 59f. Was das Verhältnis von »Judentum« und »Jüdischsein« anbelangt, sei verwiesen auf »Wir Flüchtlinge« (1943): »[...] die Geschichte des assimilierten Judentums hat ein Kunststück ohnegleichen vollbracht: Über 150 Jahre haben die Juden ihre Nichtjüdischkeit immerzu unter Beweis zu stellen versucht, um letztlich dennoch umso erfolgreicher Juden zu bleiben«, in: *Wir Juden*, S. 37-52, hier 49. Was einen Vergleich mit der Geschlechtsidentität betrifft, siehe meinen Aufsatz in der *Revue des femmes-philosophes* der UNESCO, Nr. 1, November 2011, »La perméabilité des genres: Femme/philosophe, une identité stratégique« (online auf der Home-

page der UNESCO: ⟨https://unesdoc.unesco.org/ark:/48223/pf0000213131_fre⟩).

5 Arendt, Gaus, »Was bleibt?«, S. 46f.: »meine Meinung ist, daß ich keine Philosophin bin. [...] Der Ausdruck ›Politische Philosophie‹, den ich vermeide, dieser Ausdruck ist außerordentlich vorbelastet durch die Tradition. [...] Der Philosoph [...] steht nicht neutral der Politik gegenüber. Seit Plato nicht!« Vgl. *L'Effet sophistique*, besonders S. 248-251.

6 Arendt, Gaus, »Was bleibt?«, S. 54.

7 Brief aus New York an Scholem vom 20. Juli 1963, in: Hannah Arendt, Gershom Scholem, *Der Briefwechsel*. Hrsg. v. Marie Luise Knott, Berlin 2010, S. 438f.

8 Ebd., S. 439, meine Hervorhebungen.

9 Arendt, Gaus, »Was bleibt?«, S. 65.

10 »Ein Mittel zur Versöhnung der Völker«, S. 173.

11 »Die verborgene Tradition« (1944/48), in: *Wir Juden*, S. 126-153, hier 135.

12 Arendt, Gaus, »Was bleibt?«, S. 66.

13 Unveröffentlichter titelloser Vortrag an der Rand School, 1948, zitiert in Elisabeth Young-Bruehl, *Hannah Arendt. Leben, Werk und Zeit.* Aus dem Amerikanischen von Hans Günter Holl, Frankfurt 1991 [1982], S. 19.

14 Dies führe ich weiter aus in »Les langues de l'exil ou ›la chancelante équivocité du monde‹«, in: *Portraits de l'exil, Paris-New York. Dans le sillage d'Hannah Arendt, Photographie de Fred Stein*, Paris 2011, S. 11-26.

15 Arendt, Gaus, »Was bleibt?«, S. 55 und im Folgenden 46f.

16 In der langen, sich über 20 Seiten erstreckenden Fußnote in Kapitel 7 von *Einsprachigkeit*, die einen Vergleich zwischen Rosenzweigs, Arendts und Levinas' Deutsch vornimmt (S. 101).

17 Arendt, Gaus, »Was bleibt?«, S. 60.

18 »Wir Flüchtlinge«, S. 38.

19 Mary McCarthy, zitiert in Young-Bruehl, *Hannah Arendt*, S. 285.

20 Am 6. Juli 1967 in einem Dankesschreiben an den Generalsekretär der Deutschen Akademie für Sprache und Dichtung, die ihr den Sigmund-Freud-Preis für wissenschaftliche Prosa verliehen hatte (zitiert in Young-Bruehl, *Hannah Arendt*, S. 535).

21 »Wir Flüchtlinge«, S. 38.

22 Günther Anders, »Post festum«, in: ders., *Tagebücher und Gedichte*, München 1985, S. 65-93, hier 89ff.

23 Friedrich Schleiermacher, »Die allgemeine Hermeneutik (1809/10)«, in: ders., *Kritische Gesamtausgabe*, II. Abt., Bd. 4: *Vorlesungen zur Hermeneutik und Kritik*, Berlin, Boston 2012, S. 71-116, hier 75 (E 15).

24 Arendt, Gaus, »Was bleibt?«, S. 60.

25 Ebd., S. 61.

26 Anders, »Post festum«, S. 90.

27 Die Wörter der Muttersprache, die wir in der Alltagssprache verwenden, »erhalten ihr spezifisches Gewicht, das [...] uns vor gedankenlosen Clichés bewahrt, durch die vielfältigen Assoziationen, die automatisch und unverwechselbar aus dem Schatz großer Dichtung aufsteigen, mit dem die jeweilige Sprache [...] gesegnet ist (aus der Dankesrede zur Verleihung des Sonning-Preises, 1975 – Elisabeth Young-Bruehl zitiert diesen langen, schwerfälligen Satz, den ich gekürzt habe, in voller Länge und nennt ihn einen »ihrer mit Germanismen durchsetzten englischen Sätze«, *Hannah Arendt*, S. 18).

28 Hannah Arendt, *Eichmann in Jerusalem. Ein Bericht von der Banalität des Bösen*. Aus dem Amerikanischen von Brigitte Granzow, München 1986 [1964], S. 77 und im Folgenden 84, meine Hervorhebungen.

29 Ebd., S. 82.

30 Aristoteles, *Politik*. Nach der Übersetzung von Franz Susemihl neu hrsg. v. Ursula Wolf, Reinbek bei Hamburg 1994, S. 47 (1253a 2-10).

31 Hannah Arendt, *Denktagebuch. 1950-1973*. Zweiter Band. Hrsg. v. Ursula Ludz und Ingeborg Nordmann, München 2002, S. 642f. (November 1965 [58]). Das führt zu der ziemlich merkwürdigen Schlussfolgerung, dass man »sofort die Gegenstände des Denkens zerstört«, wenn man versucht, die Sprache auf eine mathematische Sprache zu reduzieren. Diese Schlussfolgerung weitet sie auf die Naturwissenschaften aus: »Da die Naturwissenschaften sich *nicht mehr [mutter]sprachlich ausdrücken*, haben ihre Gegenstände aufgehört, Gegenstände des Denkens zu sein. Sie bemühen sich dauernd, ›das Undenkbare zu denken‹, was offenbar unmöglich ist. Sie haben ›Undenkbares‹ geschaffen und versuchen nachträglich, es durch Denken zu erfassen.« (Meine Hervorhebungen)

32 Platon, *Protagoras*. Übers. v. Otto Apelt, Hamburg [3]1956, S. 20ff., ab 325c: »Es ist etwa so, als suchtest du einen Lehrer der griechischen Sprache (*hellenizein*); es würde sich nicht einer finden« (328 a, Übersetzung modifiziert, A.d.Ü.).

33 Isokrates, *Panegyrikos*, 50: »Unsere Polis hat nun auf dem Gebiet intellektueller und rhetorischer Fähigkeiten alle anderen Menschen soweit zurückgelassen, daß die Schüler Athens Lehrer der anderen geworden sind, und Athen hat es fertiggebracht, daß der Name ›Hellene‹ nicht mehr eine Bezeichnung für ein Volk (*genous*), sondern für eine Gesinnung (*dianoias*) zu sein scheint und daß eher ›Hellene‹ genannt wird, wer an unserer Bildung (*tes paideuseos tes hemeteras*) als wer an unserer gemeinsamen Abstammung (*tes koines physeos*) teilhat«, in: ders., *Sämtliche Wer-*

ke, Bd 1: *Reden I-VIII*. Übers. v. Christine Ley-Hutton, Stuttgart 1993, S. 44-82, hier 53).

34 Martin Heidegger, *Gesamtausgabe*, Bd. 31: *Vom Wesen der menschlichen Freiheit. Einleitung in die Philosophie* (Freiburger Vorlesung Sommersemester 1930), Frankfurt/M., [2]1994 [1982], S. 50f., meine Hervorhebungen.

35 Den Begriff und die Diagnose eines »ontologischen Nationalismus« übernehme ich von dem großen Germanisten und Übersetzer Jean-Pierre Lefebvre.

36 Martin Heidegger, »Brief über den ›Humanismus‹« (1946), in: ders., *Gesamtausgabe*, Bd. 9: *Wegmarken*, Frankfurt/M. [2]1996 [1976], S. 313-364, hier 313. Und der sehr schöne Schluss, der in seiner Einfachheit umso wirkungsvoller ist: »Die Sprache ist so die Sprache des Seins, wie die Wolken die Wolken des Himmels sind« (Ebd., S. 364).

37 Heidegger, »Brief über den ›Humanismus‹«, S. 337f. Pietro Pucci stellt dieses Heidegger-Zitat Kapitel 10 seines Buches *Ulysse polutropos* als Motto voran. Einem Gespräch mit Jean-François Courtine verdanke ich die wertvollen Hinweise, die folgen und die ich zum Teil wörtlich übernehme, obwohl ich sie nur widerwillig zu Heideggers Gunsten verwende.

38 Martin Heidegger, *Gesamtausgabe*, Bd. 39: *Hölderlins Hymnen »Germanien« und »Der Rhein«*, Frankfurt/M. [3]1999 [1980], S. 121 (Emmanuel Faye zitiert diese Stelle in seinem Buch *Heidegger. Die Einführung des Nationalsozialismus in die Philosophie.* Aus dem Französischen von Tim Trzaskalik, Berlin 2009 [2005], S. 144).

39 Martin Heidegger, *Gesamtausgabe*, Bd. 29/30: *Die Grundbegriffe der Metaphysik. Welt – Endlichkeit – Einsamkeit*, Frankfurt/M. [2]1992 [1983], S. 7 und 12. Im Folgenden zitiere und paraphrasiere ich die Seiten 7 bis 9.

40 Martin Heidegger, *Gesamtausgabe*, Bd. 40: *Einführung*

in die Metaphysik (Sommersemester 1935), Frankfurt/M. [2]2020 [1983], S. 158 und 161: »die Stätte, das Da, worin und als welches das Da-sein als geschichtliches ist«. Und dann noch die Vorlesung im Wintersemester 1942/1943, in der es am Ende der *Parmenides*-Interpretation heißt: »Weil die Griechen das schlechthin unpolitische Volk sind, das sie im Wesen sind«, konnten und mussten sie die *polis* begründen. (*Gesamtausgabe*, Bd. 54: *Parmenides*, Frankfurt/M. 1992 [1982], S. 142 und im Folgenden 133 und 162).

41 »Ich habe immer sehr griechische Poesie geliebt. Und Dichtung hat in meinem Leben eine große Rolle gespielt.« Arendt, Gaus, »Was bleibt?«, S. 56.

42 Derrida, *Leben ist Überleben*, S. 46f. Was seine »einzigartige Geschichte« als »jüdischer Algerienfranzose« anbelangt, auf den die Aufhebung des »Décret Crémieux« zielte, verweist Jacques Derrida hier auf sein Buch *Die Einsprachigkeit des Anderen*.

43 Arendt, *Denktagebuch*. Erster Band, S. 15f. (August 1950 [21]).

44 Ebd., S. 43 [November 1959 [16]), Übersetzung modifiziert (A.d.Ü.).

45 Günther Anders, »Wiedersehen und Vergessen«, in: ders., *Tagebücher und Gedichte*, München 1985, S. 94-213, hier 206 (Wien, Juni 1951). Ich würde hier gerne ein »Diemenschen« erfinden, so wie es für Lacan *lalangue*, »Diesprache«, gibt.

46 »Die Sprache erscheint in der Wirklichkeit nur als ein Vielfaches« (Wilhelm von Humboldt, »Über die Verschiedenheit des menschlichen Sprachbaues« [1827-1829], in: ders., *Gesammelte Schriften*, Bd. VI, Berlin 1968 [1907], S. 111-303, hier 240).

47 Hannah Arendt, Heinrich Blücher, *Briefe. 1936-1968*. Hrsg.

v. Lotte Köhler, München, Zürich 1996, S. 39. Es handelt sich um einen Brief vom 8. August 1936, den Sylvie Courtine-Denamy im Vorwort zu ihrer französischen Übersetzung von *Wir Juden*, *Écrits juifs* (Paris 2011), S. 42, zitiert.

48 Arendt, Gaus, »Was bleibt?«, S. 61.

49 Victor Klemperer, *LTI. Notizbuch eines Philologen*, Stuttgart 2010, S. 26.

50 Anders, »Wiedersehen und Vergessen«, S. 105 und im Folgenden 109.

51 »Kant, *Self* – The ›I think‹ must acccompany all my representations [...]. This would be altogether incomprehensible if the self were a *One* and basta« [»Kant, das Selbst – Das ›Ich denke‹ muß alle meine Vorstellungen begleiten [...]. Dies wäre gänzlich unverständlich, wenn das Selbst *Eines* wäre und *basta*«] (Zweiter Band, S. 778f. (Mai 1970 [52]), Übersetzung modifiziert A. d. Ü.) oder »Machiavelli lehrt ›how not to be good‹, weil ›goodness‹ sich verbirgt« (Erster Band, S. 518 (März 1955 [9])). Im Rahmen ihrer Übersetzung des *Denktagebuchs* (*Journal de pensée*, Paris 2005) zitiert Sylvie Courtine-Denamy in Band 2 beide Stellen in ihrem Kommentar zu Hannah Arendts »Werkstatt« (S. 1065 und 1064).

52 Young-Bruehl, *Hannah Arendt*, »Vorwort«, S. 28.

53 Ich erlaube mir, auf das Kapitel »Ontologie et politique. La Grèce de Arendt et celle de Heidegger« in *L'Effet sophistique,* S. 248-269, zu verweisen.

54 Zitiert in Young-Bruehl, *Hannah Arendt*, S. 274 und 284.

55 So würde ich die Problemstellung des *Vocabulaire européen des philosophies* zusammenfassen.

56 Arendt, *Denktagebuch,* Erster Band, S. 42f. (November 1950 [15]), die Kursivierungen sind meine Hervorhebungen.

57 Wilhelm von Humboldt, »Fragmente der Monographie über die Basken«, in: ders., *Gesammelte Schriften*, Bd. VII, Berlin 1968 [1907], S. 593-608, hier 602.

58 Ich erlaube mir, auf das Buch *La Décision du sens* (Paris 1989) zu verweisen, das ich zusammen mit M. Narcy geschrieben habe und in dem ich die grundlegende Äquivalenz analysiere, die für die Aufstellung des Prinzips vom Nicht-Widerspruch erforderlich ist: Sprechen bedeutet etwas, das ein und denselben Sinn für einen selbst und für den anderen hat. Die Tabuisierung der Homonymie ist seit Aristoteles für die Sprache genauso strukturbildend wie das Inzestverbot für die Gesellschaft.

59 »Verschiedene Sprachen sind in dieser Hinsicht nur ebensoviel Synonymieen«, schreibt er in der »Einleitung« zu seiner Übersetzung von »Aeschylos Agamemnon« [1797-1816], in: ders., *Gesammelte Schriften*, Bd. VIII: *Übersetzungen,* Berlin 1968 [1909], S. 117-230, hier 129. Ich führe dies weiter aus in »Accident/Accident de voiture«, in: Ch. Erismann, A. Schniewind (Hg.), *Compléments de substance. Études sur les propriétés accidentelles offertes à Alain de Libera*, Paris 2008, S. 19-32.

60 Jacques Lacan, »L'étourdit – Der Betäubte oder die Umläufe des Gesagten«. Übers. v. Max Kleinert, LACANIANA, 23. Juni 2020 [1973] ⟨https://lacan-entziffern.de/letourdit/jacques-lacan-letourdit-teil-i-uebersetzt-von-max-kleiner/⟩.

61 *Aufbau* ist eine für über die ganze Welt verstreute, deutschsprachige Juden bestimmte Zeitung, die 1934 vom German-Jewish Club gegründet wurde. Im Jahr 1939 machte ihr neuer Chefredakteur Manfred George aus ihr eine der ersten antinazistischen Zeitungen der deutschen Exilpresse. Sie erschien bis 2004 in New York und wird heute in Zürich veröffentlicht. Die Kolumne, die Arendt ab 1941

mehrere Jahre lang schrieb, hatte allerdings den idiomatischen Titel »This means you«!

62 Arendt, »Wir Flüchtlinge«, S. 37 und 39.

63 Arendt, »Wir Flüchtlinge«, S. 51 f. und im Folgenden 50.

64 Michael Berenbaum über das Washingtoner Holocaust-Museum, zitiert in Annette Wieviorka, *L'Ère du témoin*, Paris 1998, S. 151.

65 »Vorbemerkung« zu »Little Rock«, in: dies., *Zur Zeit. Politische Essays*. Aus dem Amerikanischen von Eike Geisel, Berlin 1986, S. 95-117, hier 97. Siehe auch Young-Bruehl, *Hannah Arendt*, S. 426.

66 Anders, »Wiedersehen und Vergessen«, S. 95.

67 Anders, »Wiedersehen und Vergessen«, S. 171 (Wien, November 1950). Ich baue im Folgenden Sätze zusammen aus den Seiten 98 (Paris, April 1950), S. 171 f. (Wien, November 1950), S. 96 (Paris, April 1950), S. 119 (Wiener Wald, Juli 1950), S. 99 (Paris, April 1950), S. 107 (Wien, Mai 1950) sowie aus »Ruinen heute«, in: ders., *Tagebücher und Gedichte*, S. 214-260, hier 229 (Berlin, 18. Juni 1953), S. 230f. (Berlin, 19. Juni 1953) und dann wieder aus »Wiedersehen und Vergessen«, S. 183 (Wien, Dezember 1950).

68 Bolzinger, *Histoire de la nostalgie*, S. 112.

69 Anders, »Wiedersehen und Vergessen«, S. 186 (Wien, Januar 1951).

70 Bertolt Brecht, »Flüchtlingsgespräche«, in: ders., *Gesammelte Werke*, Bd. 14: *Prosa 4*, Frankfurt/M. 1967, S. 1381-1515, hier 1452f.

Namenregister